西安交通大学
XI'AN JIAOTONG UNIVERSITY

研究生"十四五"规划精品系列教材

商业伦理

张 喆 主编

西安交通大学出版社
XI'AN JIAOTONG UNIVERSITY PRESS

图书在版编目(CIP)数据

商业伦理 / 张喆主编. — 西安 :西安交通大学
出版社，2021.11(2022.8 重印)
 ISBN 978 - 7 - 5693 - 1975 - 0

 Ⅰ. ①商⋯ Ⅱ. ①张⋯ Ⅲ. ①商业道德-
高等学校-教材　Ⅳ. ①F718

中国版本图书馆 CIP 数据核字(2021)第 109081 号

书　　名	商业伦理
	SHANGYE LUNLI
主　　编	张　喆
责任编辑	郭　剑
责任校对	李逢国
装帧设计	伍　胜

出版发行	西安交通大学出版社
	(西安市兴庆南路 1 号　邮政编码 710048)
网　　址	http://www.xjtupress.com
电　　话	(029)82668357　82667874(市场营销中心)
	(029)82668315(总编办)
传　　真	(029)82668280
印　　刷	西安日报社印务中心

开　　本	787mm×1092mm　1/16　　印张 7.25　　字数 102 千字
版次印次	2021 年 11 月第 1 版　2022 年 8 月第 2 次印刷
书　　号	ISBN 978 - 7 - 5693 - 1975 - 0
定　　价	29.80 元

如发现印装质量问题,请与本社市场营销中心联系。
订购热线:(029)82665248　(029)82667874
投稿热线:(029)82664840
读者信箱:xj_rwjg@126.com

前　言

2020 年 7 月,习近平总书记在企业家座谈会上明确指出:"企业既有经济责任、法律责任,也有社会责任、道德责任。"任何企业存在于社会之中,都是社会的企业。社会是企业家施展才华的舞台。只有真诚回报社会、切实履行社会责任的企业家,才能真正得到社会认可,才是符合时代要求的企业家。

然而,企业管理者们不禁要问,如何才能更好地响应习近平总书记这一号召？商业伦理究竟讲什么？ 如何才能将企业经营的各个方面与商业伦理进行深度结合？

正是基于此,为了更好地解决企业管理者们的诸多疑问,本书以商业伦理为主题,试图以问题出发,具体从以下六个方面回答企业管理者们有关商业伦理领域的诸多疑问:①商业伦理与道德决策;②商业伦理与领导行为;③商业伦理与人力资源管理;④大数据时代的商业问题行为;⑤商业伦理与环境保护;⑥商业伦理与资本市场。

近年来,笔者依托国家自然科学基金委的优秀青年基金项目、面上项目,在商业伦理领域的国内外知名学术期刊上发表了一系列相关研究文章。此外,笔者也参加了多家企业关于商业伦理方面的实践活动,承担了 EMBA、MBA、留学生硕士、本科等多个层次的授课,同时也承担了多家企业管理人员的商业伦理培训工作。在广泛参加商业伦理实践和教学工作的过程中,进一步加深了对商业伦理的体会。在现有学术研究的基础上,试图通过撰写本教材将笔者十多年来的教学和科研成果通过课程进行传播。

本书全面分析和研究了商业伦理与企业经营诸多方面的关联性。具体地讲,本书的特色主要体现在如下两个方面:

(1)问题导向。本书在每章内容中均是以具体问题作为小节标题。笔者试图通过先提出问题,引发读者思考,然后再对现有领域内有关该问题的关键性的理论研究和实证研究成果进行汇总,旨在较为系统和全面地回答该问题。

(2)研究导向。近年来国内外诸多知名期刊陆续发表了有关商业伦理的相关研究成果,本书将这些重要的研究成果进行梳理、汇总,帮助读者紧跟学科前沿,激发他们进一步在商业管理活动中身体力行地实践伦理性经营。

最后,本书在撰写过程中,西安交通大学商业伦理团队的成员均付出了努力,包括搜集资料、文章甄选等。在此特别感谢卢俊婷、张珊珊、尚可、高全义、张赟、黄文婷。另外,也特别感谢西安交通大学出版社王建洪老师给予的支持。

对于书中的不当之处,敬请广大读者批评指正。

张 喆

2020 年 11 月 16 日于西安交通大学管理学院

目 录

第1章 商业伦理与道德决策

生活中有很多决定都需要在利己和利他之间取舍,请问你会最大程度地考虑道德因素吗?

1.1 理解商业运作中的道德决策过程重要吗?

某公司售卖假口罩被罚 1400 余万元

新冠肺炎疫情蔓延后,政府、社会组织和企业快速行动,投身到疫情防控之中。然而,在全民战"疫"的大背景下,仍有部分企业存在违法违规或不符合道德的行为。

事件:2020 年 1 月 24 日,某生物科技有限公司从山西购进"一次性使用口罩"350000 个,购进"一次性使用医用口罩"470000 个,销往四川、湖南、重庆等地。该批口罩均标有假冒"飘安"和"卫安"商标且被检验为不合格的产品。2020 年 3 月 23 日,成都市金牛区市场监管局对某公司及负责人处以共计14130488.05 元的罚款。

警示:2020 年 2 月 6 日,最高人民法院、最高人民检察院、公安部、司法部联合发布《关于依法惩治妨害新型冠状病毒感染肺炎疫情防控违法犯罪的意见》指出,生产不符合保障人体健康、不符合国家标准和行业标准的医用口罩、护目镜等医用器材,或者销售明知是不符合标准的医用器材,足以严重危害人体健康的,以生产、销售不符合标准的医用器材罪定罪处罚,最高可判处无期徒刑,并处没收个人全部财产。对疫情期间制假售假等恶劣行为,需加大惩处力度,切实维护公众安全健康。

（资料来源:南方周末中国企业社会责任研究中心.疫情期间违法违规,企业社会责任践行要有"硬约束":3月企业社会责任警示事件分析[EB/OL].(2020－04－23)[2020－05－20].http://www.infzm.com/contents/182299.)

在现实生活中,企业在财务造假、行贿、对员工的不公平对待等不道德行为频频出现。尽管商业组织尽了最大努力实施全面的道德规划,包括道德准则、道德培训和举报热线,尽管世界各地的商学院在很大程度上教授商业伦理,但不道德行为仍在发生。在企业所处的宏微观环境中,企业涉及与多方利益相关者之间的联系,包括股东、员工、供应商、客户、竞争者、环境、社会等,因此企业道德或不道德行为并不是一件小事,可能对个体和组织产生特别深远的影响。因此,在过去的几十年里,学者们越来越多地将他们的注意力转向为什么员工和他们的管理者会做出代价高昂的不道德行为,即个体的道德决策过程。

鉴于每年持续发生的非法和不道德活动的程度,以及由此给包括股东、雇员、消费者和自然环境在内的社会利益相关者带来的伤害和成本,理解个体的道德决策过程是非常重要的。例如,大学生魏某之死在网上引起轩然大波,将百度竞价排名、医疗广告营销、医院科室外包等商业模式推上风口浪尖。悲剧的发生,仅仅追责是不够的,比这更重要的是我们应该思考,如何监管那些有道德风险的商业模式,构建具有社会责任的商业环境。道德原则在每一个人心中,而个体的实际行为则取决于他们的道德决策。在企业中,如果我们能够更加了解员工是如何做出道德决策的,我们就更有能力去影响个体的决策,从而影响他们的道德或不道德行为。

1.2　道德决策靠感性还是理性?

假设你是一辆有轨电车的司机,电车以每小时六十公里的速度行驶,前方轨道上有五个工人,但是刹车失灵了,电车停不下来。突然,你看到右边又有一条岔道,那条轨道上只有一个工人。如果将电车拐向那条岔道,撞死这个工人,就可以挽救五个工人的生命。你会怎么做?如果拐了,你牺牲了一个人,挽救了五个人的生命。可是你的这个行为杀害了一个无辜的人,触犯了法律,将会受到制裁。如果没有拐,你明明知道,杀死一个无辜的人,可以挽救五个人,为了不承担事故的责任,从道德层面上,你成为了杀死五个人的帮凶。这时你面临着这样一种情形:要挽救一些人的生命就必须杀害一个无辜的人。

这个电车实验在桑德尔的《公平》著作中被提出后,一直被学者引用至今。这种程式化的困境之所以重要,并不是因为任何人在现实生活中都会面临这种特殊的选择,而是因为它让我们可以有效地分离道德判断过程,让我们从深层次看到道德判断是靠什么产生的。而且有趣的是,现实生活中不乏如电车式的决策。例如,在"9·11"事件中,政府官员争论是否击落飞机,牺牲机上人员,同时拯救飞机到达五角大楼后可能夺去的其他人的生命。

2001 年,格林(Greene)在《科学》(science)上发表的一篇文章,主要关注了两个不同版本的电车问题是如何引起被试者的不同反应的。电车实验可以分成两个版本,分别是开关困境和人行天桥困境。在开关困境中,电车可以通过扳动开关来重新定向,牺牲一个以拯救五个或任由电车继续行驶。在人行天桥困境中,将一名高大的男子从桥上推下去可以阻止电车运行以挽救五个人的生命,但这名男子将失去生命,你也可以选择只做旁观者不对这五个人的生命结局加以干预。客观地说,这两种电车问题的结果是相同的:为了救五个人而牺牲一个人,或者五个人都失去生命。然而,多项研究证实,在开关困境中,约有 80% 的人赞成翻转开关;在人行天桥困境中,只有 20% 的人赞成推下桥上的人去拯救五个人。格林和合作者使用 fMRI(功能性磁共振成像)技术来探索当个体面临这两种不同的困境时,大脑的哪些区域会被激活。

有趣的是,研究结果表明,人行天桥困境增加了大脑与警惕外部威胁和情感反应的活动部分,而开关困境则增加了大脑与认知控制和工作记忆容量相关的活动部分。开关困境似乎引发了有意识的深度思考:牺牲一个人去救五个人在道德上可以接受吗?而人行天桥的困境似乎触发了直觉访问:不可以伤害无辜的人!

这是为什么呢?因为不同类型的困境通过激活大脑的不同部分引起了不同的处理过程。这些结果表明我们的大脑可能天生对某些不道德的行为畏缩不前,例如对他人造成直接伤害。同时,当一种充满情感的直觉没有立即出现在脑海中时,人们也会更有意识、更慎重地思考复杂的道德问题。

格林认为在道德决策中大脑存在双重处理系统,分为情绪处理过程的直觉系统和认知过程的理性推理系统。这个模型从根本上认为个体在进行道德判断时,夹杂在其中的情绪和认知是同时进行的,不存在先后顺序。在这里,我们从研究中总结了道德决策的双重处理模型,如图 1-1 所示。

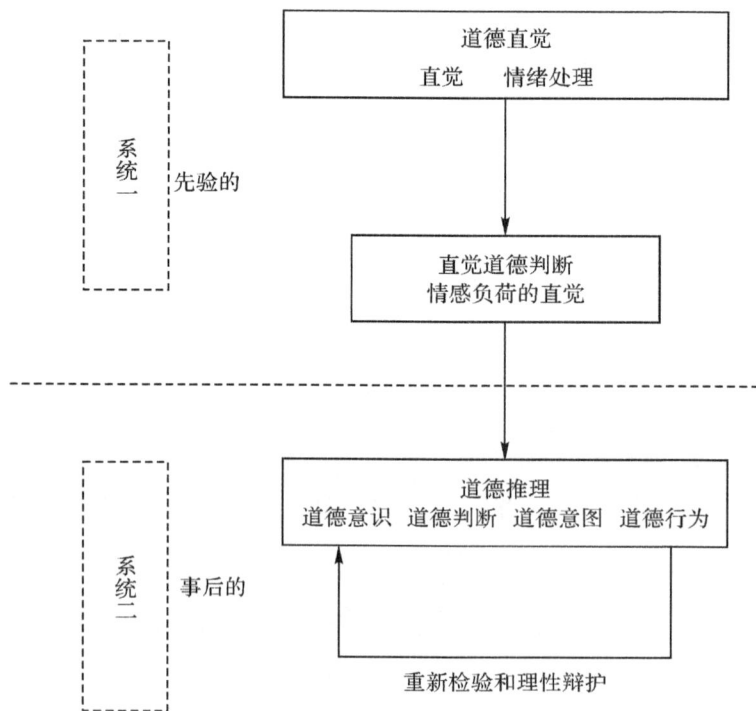

图 1-1　道德决策的双重处理模型

基于情绪处理和理性推理的双重处理系统,美国辛辛那提大学的库普曼(Koopman)和合作者将此模型应用于组织行为领域,探究职场中日常组织公民行为①如何影响员工的幸福感。让我们来看看,在这个关系中,情绪和认知是怎么发挥作用的。

他们利用经验抽样方法,对 82 名员工进行了为期 10 个工作日的调查。在这 10 个工作日中,员工们每天会受到三次调查。第一次调查在中午十二点零二分左右,第二次调查在下午下班之前,大约下午四点二十一分。第三次调查在下班后,大约晚上八点三十分。不同调查之间间隔大约四个半小时。结果发现,员工日常做的组织公民行为越多,产生的积极情绪越多,从而幸福感越强。但越多的组织公民行为也干扰了员工对工作目标进展的感知,从而降低了幸福感。因此,组织公民行为是把双刃剑,对员工的幸福感有正反两面性的影响。积极情绪来自于不假思索的直觉感受,而当员工深入思考时,会感觉到过多的组织公民行为干扰了工作目标进展。

请注意,员工通过组织公民行为对幸福感的判断同时来源于情绪和认知两大处理系统,这也回答了我们本节主题的问题:道德决策既靠感性也靠理性,既来自不假思索的直接情绪,也来自深入思考后的理性认知。

1.3　危机下,企业道德文化在组织道德决策中扮演着什么角色?

疫情之下,你是否会沿着德性之光的方向前行? 不管身处何处,都能承担起那份属于你的责任?

2020 年春节前夕,新冠肺炎疫情突发,并迅速席卷全球,对诸多行业造成巨大冲击。威廉(William)曾在 2019 年发表了对危机时组织文化和道德决策的关系研究的文章,该文章指出:企业发展过程中,勇气很重要,规则也很重

---

①　组织公民行为:一种员工自觉从事的有益于他人或组织的行为,它不包括在员工的正式工作要求中,在组织正式的薪酬体系中尚未得到明确确认的行为。

要。但当危机出现时，一种健康的组织道德文化，能在情绪和认知上给员工提供危机时刻的支持更重要，这种文化让员工在直觉和理性的意义感知上与组织的道德文化建立连接，从而为度过危机提供一种精神支撑，其次发挥作用的才是原则和勇气。

1. 急难有情，以果之名

作为水果龙头企业的百果园也同样面临前所未有的危机。但急难有情，以果之名。百果园疫情下的决策诠释了企业如何在危机下战略性、创新性地践行社会责任。

疫情下，百果园对不同的利益相关者针对性地履行了社会责任，充分体现了其"利他"文化与"顾客价值第一，员工发展第二，合作伙伴第三"的价值取向。抗疫过程中，百果园全国4000多家门店，共超过10000名门店员工在岗坚守。他们克服了防疫、采摘、运输、营业等各种环节中的困难，尽职尽责保障市民生活。百果园针对疫情特殊情况，对消费者终端做了服务升级。对果农及供应商则采取了"暖春助农"等一系列行动，与上游合作方携手抗疫。同时，为助力抗疫一线人员和医护人员家属、养老院老人、救助管理站的未成年人，百果园充分发挥平台优势，联合公司水果生态圈合作伙伴成立了"春暖花开"项目组，打造全链条的公益之路。经过全民的共同抗疫，疫情逐步得到控制，百果园在疫情期间所体现的企业责任感和创新行动也受到了众多认可。

疫情这场危机给企业提供了一场真实且艰难的道德困境。作为社会企业，一方面需要在危机时承担起对各方利益相关者的社会责任，为社会贡献自己的一份力量；另一方面，企业也可能为了自身的生存和自保，很难冒着成本和员工生命安全的压力去放手一搏。这两方面的抉择带来的结果产生了一种道德冲突，疫情期间，这种艰难的道德困境束缚住了很多企业。但我们看到百果园全方位、创新性的企业社会责任战略选择则实现了双赢，在各方面实现了全新的变革，这对企业未来的发展和竞争都是里程碑的一步。

在危机中试探性寻求变革，挑战和机遇并行，而变革成功之前的漫漫黑夜使得只有少数人能坚定信念等待黎明。这次疫情中闪烁的企业社会责任是全国上下团结一致的道德信念,百果园全力以赴坚持运营在抗疫一线获得的战略成功何尝不是对德性的一种奖赏。

无独有偶,疫情期间各大平台型企业也在践行企业社会责任中实现了治理创新。其中,携程的努力是大家有目共睹的。作为中国领先的在线旅游服务商,新冠疫情爆发后,携程快速响应,秉持以旅游者体验为先的理念,发挥平台型企业作用,在危机中践行社会责任,与消费者、供应商、目的地、政府等平台上的合作伙伴和社会各界共渡难关,抗击疫情对旅游业带来的巨大冲击。

在学术界,清华大学经济管理学院的阳镇及其合作者 2020 年在《管理学报》上发表的文章指出,平台企业在治理目标、治理角色、治理过程等多维度超越了传统的企业社会责任治理,推动了企业社会责任治理共同体的兴起。然后,通过分析新冠肺炎疫情背景下平台企业社会责任治理创新如何赋能应急管理和社会治理,发现平台企业能够以全新的组织载体、治理主体、治理过程和治理范式赋能新冠肺炎疫情防控和社会治理创新。该研究为平台企业创新治理、后疫情时代的社会责任治理创新提供启发,也为全球其他国家有效预防和应对未来可能发生的全球性公共社会问题提供中国经验、案例和启示。研究中提到的我国主要平台企业在践行企业社会责任过程中做出的努力,如表 1-1 所示。

表 1-1　新冠肺炎疫情背景下平台企业社会责任治理

平台企业	嵌入或开发的社会责任治理载体	主要的功能模块	相应的社会责任治理角色	参与社会治理的主要领域
腾讯	微信"城市服务"中的"疫情监督"平台;腾讯微应急平台健康码,重点物资保障小程序	社会物资信息配置,防疫健康码;新冠肺炎疫情信息专区;疫情服务(疫情督查、发热问诊、疫情上报、行程查询、相关查询)	平台商业生态圈资源撬动者与整合者;平台社会资源配置者	社会公共产品供给;社会公共信息披露;社会公共舆论治理

续表

平台企业	嵌入或开发的社会责任治理载体	主要的功能模块	相应的社会责任治理角色	参与社会治理的主要领域
阿里巴巴	支付宝平台与淘宝平台上线公益爱心捐赠以及疫情直播项目;阿里健康平台、阿里宜搭平台;钉钉(居家办公平台);小程序云联合伙伴(面向企业接入阿里经济体企业服务、生活服务);防疫直采全球寻源平台	在线问诊、爱心捐赠、送药上门、疫情直播、健康打卡、信息统计、疫情防控上报、医疗急缺物资信息共享、企业项目管理、任务协同、知识共享、数据统计等	平台商业生态圈资源撬动者与整合者;平台社会资源配置者	社会公共产品供给;社会公共信息披露;社会公共舆论治理;商业生态圈运转效率
京东	社区疫情智能管控平台;京东"应急资源信息发布平台"、京东良研调查问卷平台;高危人群疫情态势感知系统	医疗物资供需信息发布;京东良研疫情调查问卷小程序、疫情问询机器人;疫情防控信息统计与人群筛查;疫后企业帮扶综合服务	平台商业生态圈资源撬动者与整合者;平台社会资源配置者	社会公共产品供给;公共疫情信息调研;社区安全排查与防控;疫后复工复产帮扶
美团	美团公益平台(抗击肺炎求助与捐赠信息发布与受助平台)	抗击肺炎信息求助;抗击肺炎捐赠信息发布	平台商业生态圈资源撬动者与整合者;平台社会资源配置者	社会公共产品供给
字节跳动	飞书办公平台;今日头条"抗击肺炎"频道;抖音"抗击肺炎"专题页	健康监测管理(健康报备应用、飞书云空间健康统计模板等);"线上办公室";疫情地图;疫情最新进展;权威解读;医护患者防治应对	平台商业生态圈资源撬动者与整合者;平台社会资源配置者	社会公共产品供给;公共疫情信息调研;企业生产复工

2."逆行的战士们,你们的战靴来了!"

正如坚韧的人在心中都有自己的那份坚守,面对危机时组织的韧性也来自员工心中对道德文化的追逐。疫情之下,北京老字号就体现出了这份韧性与坚守。疫情不仅考验着企业的运营能力,还考验着企业对社会责任的担当。面对抗疫前线物资短缺的状况和奋战在一线的医护人员,老字号企业发挥行业特色优势,积极承担社会责任。其战略和社会责任创新性承担主要体现在以下几个方面:第一,在危机中找商机,积极应变市场。第二,提升标准化管理水平,保障突发事件下的供应。第三,依托自身优势生产并捐赠医疗物资,如中医药老字号捐赠对症的中医药产品(有的药品是价格昂贵的"救命药")、白酒企业捐赠医用酒精、服装企业提供护士鞋等。第四,在业务受到很大制约的情况下,有的企业在线上进行员工培训和学习,通过疫情期间的休整,为复工后进一步做好工作奠定基础。第五,借助疫情传达企业产品服务信息和品牌理念。企业在疫情期间虽然经济效益受到影响,但是,品牌认知度和美誉度得到了提升。第六,企业在履行社会责任时,开展调查研究,有针对性地提供捐助。

综合上述两个案例,危机出现时,企业道德文化先行,会给整个组织战胜危机提供积极的道德决策思路和指导方向,对顺利度过危机和实现企业战略起到十分重要的作用。

所以,当你所在的组织遇到危机时,先在组织内建立或寻找一种道德文化,制定生存战略并坚定不移地去承担社会责任,你可能会实现双赢。

1.4 在组织中做好道德决策,可以带来什么?

风吹草不折,弱极而生刚。组织中的道德决策如何通过"雪中送炭"产生"临危不惧"的效果?

近年来,中国企业从国企到民企推出社会责任报告的数量、质量都在增长,从而增强了社会影响力。字节跳动在其 2019 社会责任报告中,将 CSR(社会责任目标)与用户目标、商业目标并列,体现了字节跳动对社会责任的重视程度。字节跳动通过 8 年时间快速成长为一个多产品(今日头条、抖音、西瓜视频、飞书等)服务的大平台企业。作为全球化发展的公司,其独特的信息传播和共享能力对共享价值创造做出了很好的诠释。

脱贫攻坚战是党的十九大提出的三大攻坚战之一，为响应中央印发的《网络扶贫行动计划》，践行企业社会责任，字节跳动积极响应国家号召，结合公司大数据、人工智能等技术特点，建立以科技研发为核心、以促进三农信息普惠为主要形式的扶贫模式，实现科技赋能精准扶贫，倡导技术善意价值观。为了充分调动企业各个业务线的资源优势，全力推进科技助力扶贫工作，字节跳动启动了"山货上头条"和"山里DOU是好风光"两个扶贫项目，同时为了带动全平台网民一起参与社会扶贫工作，还发了"三农合伙人计划"和"扶贫达人计划"。

企业社会责任战略作为企业对各方利益相关者责任心的体现，长远来看，这是一种可以实现双赢的道德决策。其不仅对企业长远发展起到战略性的支持作用，也为各方利益相关者谋福利、做贡献。2020年，西北工业大学的贾明及其合作者在《管理学季刊》上发表文章指出，"利他型社会责任"是企业构建高韧性组织的重要路径。和企业组织的"竞争力"的概念不同，"韧性"强调的是组织在逆境和挫折中生存成长的能力。如果缺乏韧性，组织虽在常规环境中表现不错，但遇到挫折意外，则会"一跌就碎"。具有"韧性"的组织，就可以抵抗外部打击，亦或是在风险挫败中重新振作并进一步发展。2020年初的新冠疫情给我国许多行业带来极大冲击，而很多企业凭借其组织韧性在应对疫情中实现了化危为机。这些企业有一个共通的特点，就是结合企业自身战略以适应疫情的方式创新性地做"利他型企业社会责任"。如：眉州东坡餐饮、鼎好餐饮、北京老字号、各大平台企业等。

新冠肺炎疫情背景下，面对疫情的威胁、员工面对收入的不确定性和工作方式的改变。腾讯、阿里、蒙牛、百度、方太、恒大等300多家企业纷纷为抗疫捐赠现金、物资超过130亿元；菜鸟联合"三通一达"、百世等国内主要物流企业开通绿色通道运输救援物资等企业社会责任行动。那么，面对道德困境，企业的道德决策对员工会产生什么影响？何洁及其合作者在疫情期间对这个问题进行了研究，结果是振奋人心的：企业社会责任有效提升了员工韧性。

2020 年 2 月,在新冠肺炎疫情爆发高峰期,何洁及其合作者对各类型企事业单位 895 名员工开展了问卷调查。问卷来自全国除西藏、内蒙古、黑龙江、吉林、澳门以外的 29 个省、自治区、直辖市以及特别行政区。结果显示,企业社会责任做得越多越好的企业,员工的韧性越高,在工作中能够坚强应对困难,并能通过自身努力克服疫情带来的心理创伤并继续努力工作,乐观应对。

这是为什么呢?一方面,在新冠肺炎疫情下,如果企业积极践行社会责任,为顾客、供应商、社区提供物质支持与帮助,包括隔离空间、食物、防疫物资、药品等,企业关爱外部利益相关者的行动有利于增强员工的自豪感和其应对困难与挫折的意愿;另一方面,组织为员工提供的物质支持以及心理疏导与关怀有利于降低员工对疫情的担忧与恐惧,员工感知的组织关怀越多,越有利于员工积极应对危机带来的困难与挑战。因此,企业在社会责任方面所做出的努力能够提高员工对于疫情灾难中组织帮助以及支持的感知和满意程度,使得员工对组织回应疫情有一个积极的评价。在疫情危机下,企业应对疫情的社会责任行动可以被员工感知,当员工对组织回应疫情的满意程度高,则意味着企业社会责任行动满足了员工在组织中的诉求与需要,因而员工从组织中获得的资源可以转化为个体资源,增加员工应对困难的韧性。

有趣的是,研究还发现,那些自我反思倾向越高的人,越倾向于对疫情带来的困难与挫折进行客观判断与评估,在组织提供的帮助下更好地保持应对困难的状态,从而在感知到企业在社会责任方面所作出的努力时,更能从中吸收能量以增强应对危机的韧性。

由此,新冠疫情的危机为企业的道德决策提供了一个艰难的困境。一方面是企业及其员工的存活是否应保守以对、生命安生要紧;另一方面是作为社会企业需要承担对各方利益相关者的社会责任。而这个研究给大家带来了好消息:在重大危机情境下,企业应积极承担社会责任。重大危机中的企业社会责任往往有"雪中送炭"的效果:能成功破解企业面临的两难境地,不仅能逼迫企业在危难中进行转型和创新,为企业存活打下基础;也能为社会做出应有的贡献,间接性解决员工的心理焦虑,为企业后续发展培养具有"韧性"的员工。企业在危难时对员工在各方面的支持也培养了高忠诚和高奉献的员工。

所以,组织应不拘形式,在自身能力范围内有所担当、提供资源,这是帮助企业以及员工应对危机与困难的重要行动。在高韧性的组织中,作为员工也应当提高自己的心理素质和应对风险的能力,与所在组织一起度过困境,逐步实现组织从上到下"临危不惧"的气质。

1.5　影响顾客选择道德消费的原因有哪些?

你为什么会在消费时关注道德问题? 什么因素会促使你在消费时偏向选择利他的产品?

《2013年人类发展报告》预测,到2030年将有32亿人口跻身中产阶层。2016年最终消费对经济增长的贡献率为64%,消费者在现代生活中占据越来越重要的地位。根据中国连锁经营协会2018年3月发布的《中国可持续消费研究项目:消费认知与行为改变》报告,在调查的10个大城市中,有超过70%的消费者已具备一定程度的可持续性消费意识,特别是20—29岁的年轻人表现出比较强的意识和意愿,30—39岁的消费群体的可持续性消费能力最强。另外有约一半的中国消费者愿意为可持续产品支付不超过10%的溢价,其中健康和安全是选择可持续产品的主要驱动力因素。全球66%的消费者表示愿意为可持续发展的环境友好型产品付出更多的金钱。而在"千禧一代"中,这一比例达到了72%。雇用童工、环境污染、劣质产品、资源浪费等引发的种种事件唤醒了新的消费形式——伦理消费。

伦理消费(ethical consumption),又称道德消费,指消费者在获取、使用或处置产品时考虑自身行为对社会、环境或动物福利的影响,尽量做到负面影响最小化,长期利益最大化。伦理消费关注的是消费者自身的消费行为是否对社会和环境有益。所以,要想推动消费者的伦理消费,首先要弄清影响消费者伦理消费的因素有哪些。

首先是宣传信息。企业的宣传信息会影响你的道德消费行为。

由于社会规范是影响消费者伦理消费的重要因素,因此很多宣传诉求都是利用社会规范对消费者施加影响的。在市场竞争日趋激烈和经济全球化的大背景下,现实中这种营销方式越来越多。如今,企业将发展公益事业作为树立品牌形象和扩大市场影响的重要途径。伴随着近年来企业社会创业的蓬勃发展,公益也突破了传统的无偿捐赠模式,向消费型公益过渡。361°国际有限公司和中国扶贫基金会联合开启了国内消费型公益的先河,推出"买一善一"公益项目,其创新性举措解决了传统公益捐赠的诸多问题。同时,361°利用"偶像＋微博"的方式开辟了公益传播的新途径,将微博作为公益事业宣传平台,又借助偶像的力量来推广"买一善一"项目,偶像通过微博这个宣传平台能够使消费者全面、正确地感知公益活动,避免公益认知风险,提高公益推广效果。

美国西北大学凯洛格商学院的马里亚姆(Maryam)与其合作者做过一项研究,他们研究了亲社会的营销信息是促进了消费者的利他行为,还是促进了消费者的自利行为和自我放纵的行为。这里的亲社会的企业营销信息指的是,企业在产品广告或宣传信息中强调消费者的消费行为能为社会及他人带来好处,是一种利他助人的行为。图1-2为星巴克的宣传信息,由于顾客购买了星巴克的产品,这些信息赞扬了顾客的间接善行。

"你是使用可回收杯子的先驱。我们做的每件事都有你的贡献。你的购买让星巴克以一种保护地球的方式做生意。比如引领了杯子技术的发展,美国第一批热杯使用了10%的消费后再生纤维,杯套使用了60%的再生纤维。星巴克也在研发一种100%可回收的杯子。这是我们所能做的,因为你们的消费让地球更美好。你真棒。"

研究者首先招募了55名平均年龄在33岁左右的实验者参与了企业的亲社会宣传信息与消费者自利行为的研究,实验者被分成两组,分别给他们观看赞扬消费者和赞扬公司做亲社会行为的宣传视频,而后让其在购买同类的环保绿色产品和非环保产品中二选一。研究结果显示,看到赞扬消费者宣传标语的被试者相比于看到赞扬公司宣传标语的被试者会更少地购买环保产品。

图 1-2 星巴克杯子上的宣传标语

这个有趣的实验结果说明，如果顾客看到产品上的宣传标语是在赞扬自己的，那么他们接下来的消费行为会更加自利。

在接下来的一个实验中，实验者招募了 200 名志愿者参与了企业的亲社会宣传信息与消费者自我放纵行为的研究，被试者同样被分成两组，分别看到的是赞扬消费者和赞扬公司做亲社会行为的宣传信息，而后让其在购买同类的生活必需品和奢侈品中二选一。研究结果显示，看到赞扬消费者宣传标语的被试者相比于看到赞扬公司宣传标语的被试者会更少地购买生活必需品，而去选择同类的奢侈品。

这说明，如果顾客看到产品上的宣传标语是在赞扬自己的，那么他们接下来的消费行为会更加自我放纵。

另外的研究还发现，对于那些环保价值观比较低的消费者来说，看到赞扬他们的标语后的消费行为会更加自利和自我放纵。而对于环保价值观比较高的消费者来说，宣传标语的内容不会影响他们后续的行为。

这是为什么呢？产品上赞扬消费者的宣传标语可以帮助人们提升他们对自我的认知，加强他们对自己是一个环保的好公民的感知，而这种对自我的定义让他们觉得有了可以自利和自我放纵的条件和资本,进而用消费行为去补偿自己。例如,减肥人士有了阶段性的减肥成果后会补偿自己一顿热量大餐,瘦身成功的女生会购买更多好看的衣服和包包甚至奢侈品来奖励自己……但是对于环保价值观高的人来说,宣传信息的内容不会改变他们内心对环保行为的坚持,也不会因为赞美的信息而减少去做环保行为,他们对于环保行为会更加坚定,这也类似于信仰的力量。

因此,想要提高消费者的道德消费行为,既需要企业在宣传方面下功夫,消费者自身价值观的提升也是可持续发展的良药。

其次,企业家的领导风格也可以极大地影响消费者的决策和行为。企业家常常被看作是企业的代言人,企业家领导风格在产品制造、品牌战略制定等方面发挥着巨大作用。素有"铁娘子"之称的格力董事长董明珠一直奉行较为强硬的领导风格,甚至有人戏称"董姐走过的地方寸草不生"。这在某种程度上也反映出她对员工和格力产品负责的态度与行事风格。在服务业中,同样存在着相似的例子。海底捞因提供优质服务而享誉业界,而这与张勇人性化领导风格不无关系。2017 年 8 月 25 日海底捞曝出"老鼠门"丑闻后,消费者对此的反感度并没有想象中激烈。消费者很容易联想到掌门人张勇充满"人情味"的领导风格,从而减轻危机带来的冲击。从这些客观存在的现象来看,企业家领导风格似乎会影响企业的品牌塑造以及消费者对产品的评价,而企业家的领导风格从现实情况来看大体可以分为偏强硬和偏人性化两种,这两类风格在学术上可以借用威权型领导风格和仁慈型领导风格来进行刻画。

在实验中,被试者首先会阅读有关领导风格(威权型与仁慈型)含义和特点的文字,其中,在威权型领导风格组的阅读材料中,一是强调领导者"大权在握、说一不二、粗暴傲慢"的特点,二是突出领导者"不顾及员工颜面,对其咆哮以促进问题解决"的行事作风。在仁慈型领导风格组的阅读材料中,首先展现的是领导者"不坚持己见,允许员工在讨论问题的过程中随时提出质疑"的态度,同时显示领导者柔和管理方式下的影响:良好的共事氛围、高度的决策效率。而后,被试者会给出自己对产品质量的认知。

研究结果显示，不论是威权型领导风格还是仁慈型领导风格，都能够提升消费者的产品质量感知，并且威权型领导风格相较于仁慈型领导风格，更有助于提升消费者的产品质量感知，这源自两种鲜明的领导风格给予消费者在认知上的信任。

因此，对于企业家而言，需要做的就是找到真正适合本企业的领导风格，并争取将其打造成自身的一张名片，成为消费者在进行购买决策时可以参考的依据。领导风格通过增强消费者对企业家的认知信任，进而提升其对产品质量的感知。因此，在领导风格传播的过程中，应丰富其中能反映企业家能力的信息。

1.6　管理者如何促进道德决策？

后疫情时代组织中个体的道德决策更为重要，当你学会这些方法后，会更加得心应手。

道德决策的过程从识别道德问题、进行道德判断、表达道德意图、做出行为决策四个方面展开，在这个过程中每一个环节都离不开企业的人力资源管理。信誉楼百货集团于 1984 年成立于美丽的渤海沿岸——河北省黄骅市，1985 年元旦正式挂牌营业。30 多年来，信誉楼一直本着诚信的态度和高度的责任感，不断探索适合企业可持续发展的人力资源管理模式。在中国零售业20 余年的发展中，有些企业曾经轰动一方，红火一时，但最终被市场所弃，而信誉楼努力避免做"短寿"企业，并在长期的实践和摸索中，将社会责任融入人力资源管理模式的发展过程中，即使在新冠疫情的肆虐下，企业也能处变不惊，其人力资本管理更在百货业态中显得独特而有价值。

管理者如何在组织中培育伦理氛围，让员工的决策更加道德呢？我们从研究中总结了以下三个简单易行的方法。

（1）在团队中树立道德明星的榜样。

宾夕法尼亚州立大学的安吉尔（Anjier）及其同事 2020 年在应用心理学期

刊 *Journal of Applied Psychology* 发表的文章中揭示了企业中道德明星存在的重要性及对团队决策道德性产生的影响。

研究者通过招募 230 名大学生进行了此项实验,这些大学生来自美国大学的各大商学院,均学习过创业与创新课程,因此该实验有模拟创业团队决策的可行性。许多道德问题都发生在新创立和模糊的商业环境中,这些环境使得法规和社会规范薄弱,这也使得创业环境成为研究道德决策的恰当背景。

假如你是这些志愿者中的一员,设想这样一个情景,首先你需要阅读了解关于医用药品初创公司的背景信息,并被告知作为公司的创始团队的成员要为公司解决问题并做出决策,你们是一个团队,每个人都要为团队的最后决策献计献策,因为每一个决策都关乎你们的企业能否成长。为了减少参与者需遵从道德明星想法的压力,我们强调,尽管你们应该努力做出一个让大多数团队成员满意的决定,但没有必要达成共识。你们可以使用任何必要的程序(如投票)来完成最后的团队决策,你们需要花 15～20 分钟来完成任务的每个部分。

任务的第一个部分,是要讨论决定商店的标志和名字,并为商店做一份设计策划。第一个部分的目的是让团队成员之间彼此熟悉,以降低实验结果的误差。第二个任务是实验内容。在第二个任务中,参与者会拿到一份书面报告,现在公司由于处理该药品的纯天然提取方法效率低下而面临财务困难,现投资者要求改善公司的财务业绩,团队成员需要共同决定在生产预算中(在 0～100% 范围内)有多少比例可以转向一种更有效、更节省成本,但风险更大的开采方法。这种新的、风险更大的方法会留下化学残留物,可能对弱势群体造成危害,比如儿童、艾滋病患者和化疗患者。每个参与者都需要先独立思考这个问题,并写下自己的初始决策,而后在与其他团队成员在一起讨论之后达成一个团队的决策。

通过对实验分组进行操控,研究结果显示,当团队中有道德冠军存在时,推崇伦理的道德明星员工可以通过提高团队的伦理意识来影响团队决策的伦理性。也就是说,在企业团队中,强调道德理念,树立道德明星员工在团队决策时进行道德理念的引导,能让团队成员更好地意识到道德问题的重要性,从而让团队决策更加道德化。团队成员的决策一定程度上决定了企业的战略方向选择,也为企业战略提供了更加利他和道德方向的指引。

(2)对员工进行道德训练项目,并招聘和培养具有责任心的员工。

詹姆斯麦迪逊大学的劳拉(Laura)及其同事在 2020 年也从事了如何更好地促进道德决策这一研究,本研究调查了美国大西洋中部地区一所中等规模大学的道德培训项目。该计划于 2013 年秋季正式推出,秋季入学的学生必须参加 75 分钟的强制性课程,学习道德推理技巧,这是入学培训的一部分。在道德决策培训过程中,学生们观看了一段关于道德情景的视频,并参与了小组讨论,讨论如何在道德困境中做出决策。学校会收集有关学生学习成果的数据,并收集年度报告,详细说明改善成果的计划步骤。这一道德倡议的一个独特方面是,它是在大学范围内进行的。他们在商学院老师、学生的伦理水平提高上投入了大量的精力,85%的商科教授将伦理学融入到课程中。

该实验研究的样本从进行道德决策培训的学生群体中获取,对其进行了一系列的问卷调查。

研究结果显示,道德决策培训对这些学生后续的道德决策有显著的帮助,而责任心强的人能从此培训中获益更多。

因此,这对企业招聘人才提供了重要启示。招聘那些责任心强的员工,不仅有较高的工作绩效,而且还能从企业的道德培训项目中获益更多,从而更好地降低组织中的不道德行为。

(3)通过在示例之间用类比的方法对员工的道德知识加以培训。

伊利诺伊大学的 Jihyeon Ki 和合作者研究了有关道德原则的知识是否会影响员工的道德意识和道德决策。该研究测试了个体对利益原则冲突的认识及其对自发道德意识和伦理决策的影响。许多关于组织中道德决策的讨论都源于利益冲突,因此,当组织决策遇到利益冲突时,员工是否能理解、识别道德问题并做出道德决策是组织生活中的一个重要问题。

在实验中,参与者被要求参与做出组织中有关利益冲突的决策。在进行道德决策时,实验人员让其写下他们会说什么,问一些开放式问题,比如在某种情况下下一步会做什么,然后评估参与者自己在回答中是否表明了道德问题以及具体的道德决策是什么。研究结果发现,当实验人员提供给被试者两份类似的利益冲突资料,并在实验中引导他们对利益冲突问题进行类比、分析并写下自己对两个冲突的相似关键点时,参与者能更好地做出道德决策。

因此,这说明类比编码的学习干预可以加深员工的道德原则知识,从而引发更强的道德问题意识,继而顺利作出道德决策。

在认识到提高员工伦理原则的知识可以改善道德决策后,企业中的道德培训就显得尤为重要。通过设计伦理培训干预措施来加强员工的道德知识,从而有利于员工在无意识中识别道德问题。类比法就是一种潜在有用的道德训练干预的方法。要利用类比编码方法,仅仅提供多个示例是不够的,要鼓励在示例之间进行比较,才能加深员工大脑中对道德知识的启用,这也为企业的人力资源管理提供了新的建议和努力方向。

第 2 章　商业伦理与领导行为

你也许认为你所践行的领导理念遵循了商业伦理,其实它可能在悄悄地伤害着谁……

商业伦理要求企业的决策和行为不仅要符合个人和组织的利益,而且要符合整个社会的利益;要求企业在注重经济效益的同时,还应注重社会效益。随着我国经济的蓬勃发展,在市场经济领域中的商业伦理已成为社会讨论的焦点。越来越多的企业领导者开始努力将商业伦理落实到实际日常管理之中,例如:领导者开始注重维护员工的利益,提升员工的幸福感;开始努力遵守道德规范,树立道德榜样;开始追求言行一致,敢于承担责任;开始勇于承认自己的不足,学会欣赏他人的优点;开始鼓励员工在遵守道德规范的前提下去挑战现状。因此,本章将主要介绍商业伦理中的以下几种领导行为:服务型领导、道德型领导、真实型领导、谦卑型领导以及变革型领导,以帮助大家更全面地认识我们所践行的领导行为是否真的遵循了商业伦理。

2.1　服务型领导是什么? 在中国背景下,该领导方式是否有效?

领导的基础不是权力,而是权威,权威是建立在爱、服务和牺牲的基础上的。

——赫尔曼·黑塞(诺贝尔文学奖获得者)

服务型领导又被称为公仆型领导或仆人式领导(servant leadership),该领导理念认为领导产生于服务。该领导理念源于 Hesse(1956)在《东方之旅》中讲述的一则小故事。该故事讲述了一群人去东方旅行途中发生的事情,故事的主人公是一位名叫 Leo 的仆人,负责处理旅行团队的日常琐事,同时他用歌声和信念鼓励、安慰团队成员,使旅行得以顺利进展。可是有一天,Leo 突然消失不见了,整个旅行团队随即陷入一片混乱之中,旅行最终也被迫搁置下来……多年后,一名团队成员才发现,原来 Leo 是资助那次旅行的精神导师,也是那次旅行的发起者和真正领导者。在这则故事中,Leo 同时饰演了看似相互对立的、矛盾的两个角色:一是仆人,通过服务和帮助他人,赢得人们的信任;二是领导,受到人们的信任,并且通过走在前面领路影响他人的命运。

服务型领导理念始于乐于服务的天性,然后才是有意识地选择渴望领导他人。通俗地讲,服务型领导首先是一位向员工提供服务的仆人,怀有服务为先的美好情操,为员工排忧解难,为整个团队服务,才会赢得团队的信任和支持。反过来,团队成员才会愿意跟随和服从领导者,确立其领导地位。而对于那些以领导为先的领导者来说,在领导地位、威信以及影响力确立之后,或许才能够谈到服务。与那些为了领导而领导的管理理念截然不同,服务型领导所渴求的恰是缓和那种不同寻常的领导力、削弱对资源的占有、追求在人际交往中少一些威慑而多一些情感支持和联系。在工作中,服务型领导可以做到以下几点:

(1)倾听与了解员工。聆听,并伴以经常性的反思,对服务型领导来说非常重要。服务型领导以对方为优先,通过用心聆听,触及别人的心灵,了解对方的真实想法和需求,这正是合理安排工作的前提,也是做好服务的基础。

(2)培养与发展员工。服务型领导不仅着眼于眼前任务的完成,他们更重视员工个人的发展,使员工变得更强大、更聪慧、更自由、更自主。为员工提供学习的机会,注重培养员工的能力,正是服务型领导的重要工作之一。这能够为企业储备更多人才,增强企业整体实力。

(3)宽容与谅解员工。服务型领导具有宽大的胸怀,能够在原则内容忍与谅解员工的不足和错误。不同性格、不同特长、不同偏好的人能凝聚在同一企业内,靠的就是管理者的宽容。以退为进的宽容,通过适当的交换能够确保目标的实现。这样和谐宽容的处理方式,有利于在企业内部形成团结的、和谐的文化氛围。

(4)理解和治愈员工。服务型领导努力了解与同情员工,关注的不再是个人荣辱得失,乃是接纳与肯定团队内其他成员付出的劳苦,并予以欣赏。同时,对于身处困境的员工,服务型领导努力做到感同身受,帮助员工解决与工作相关的问题,帮助员工从挫败中快速恢复过来。服务型领导的独特之处就在于他能够帮助自己以及他人疗伤,一位懂得如何治愈他人的领导正是人们所期待的。

(5)说服并忠于员工。服务型领导不是仗着职权或威信来命令和控制员工,而是以"晓之以理,动之以情,析之佐据"的方式来劝服员工,让他们打心底里认同工作计划/任务/目标,让人心服口服,而不是勉强为之。同时,服务型领导又对员工怀有管家的衷心,为组织内成员服务,为组织所处的社区服务。

服务型领导可能会优先考虑员工的需求,优先满足员工的利益,放低身段服务于员工,会被下属认为是一种"软弱"的行为表现,质疑服务型领导在中国人力资源管理实践中的有效性。那么,服务型领导对中国人力资源管理到底有没有用呢?

首先,我们需要对服务型领导中的"服务"与"权力/领导"进行更深入的理解。服务型领导的动机是比权力需求更重要的东西,即服务需求。服务需求是一个人成为一位优秀领导者的关键,该需求会促使领导者优先关注追随者成长、组织生存以及承担社区责任。当然,权力可以促使领导者更好地为他人提供服务,因此,权力往往被视为成为公仆型领导者的先决条件。在有些时候"服务"和"领导"是可以相互转化的,因为优先服务他人的个体将更容易获取他人的信任,从而使他人甘愿接受该个体的领导,而处在领导位置上也让该个体有了去服务其他成员的责任和义务。简单地讲,服务型领导理念并不是要求领导者完全不使用自己的职权,或不发挥其领导作用,而是要求他们在职权或领导下,能够更好地服务员工。

其次，我们需要从以下三个方面对当前的中国企业管理的现实背景进行更深入的认识：

第一，随着社会的发展，人类文明的提升，人们不仅追求物质利益上的满足，还希望获得精神上的满足与自我实现。在工业经济时代，劳动者既需要物质方面的需要，又有精神方面的满足，这个时候对大部分人来说物质比精神更重要。而在知识经济时代，人们的物质水平大大地提高了，但精神文明相对就滞后了许多，所以现在人们更多地开始追求精神方面，一旦劳动者拥有了更多的自主权，受到了领导者的重视，精神上得到满足，有了更大的成就感，就会为组织做出更大的贡献。因此，一味地强调领导者的权威，忽视与员工互动交流的传统领导方式早已不能满足员工的需求，不能发挥较高的领导有效性。

第二，由于中国的急速发展和变化，一些员工可能承受着巨大的心理压力，他们会感受到焦虑、抑郁、紧张等负面情绪。例如，2018 年，在《第一财经周刊》和欧姆龙健康联合发布的《都市人压力调查报告》里，针对"工作之压"部分的调查问卷显示，近 59% 的受调查者表示压力来源于"对职业发展路径感到迷茫"，近 42% 的受调查者表示自己因"来不及学习行业新知识和变化"而感到焦虑，也有近 30% 的受调查者认为自己所做的工作毫无意义。由智联招聘联合微医大数据平台发布的《2019 年职场人健康力报告》显示，由于工作不仅关乎个人的发展，也是生存的条件，93.4% 的白领职员表示自己的负面情绪来源于职场。报告还显示，78.9% 的白领职员表示自己存在焦虑现象，74.9% 的白领职员表示自己感到迷茫，62.4% 的白领职员在求职时十分看重组织的健康福利。值得注意的是，更多的白领职员开始重视自己的心理健康。如果员工选择压抑这些负面情绪，长此以往不仅不利于员工的心理健康和幸福，还有可能会降低员工的工作投入度和满意度，降低他们的工作绩效；如果员工选择在工作生活中表达这些负面情绪，不仅可能会影响员工的家庭生活幸福，还有可能由于这些负面情绪没能得到很好地调整而影响到他们的工作效率；如果员工选择不再忍受和应对这些负面情绪，他们可能会选择离职，对于组织而言则会造成人才资源流失,带来人才培养成本。因此,除了要做到尊重员工的价值,激发员工的潜能,发展员工的技能之外,企业管理者当前还需要努力做到了解员工的个人感受和需求,帮助员工合理地管理其消极情绪和想法。

第三,许多著名的中国企业都在努力践行一种更加注重道德管理和"以人为本"的领导方式,即公仆型领导。2012 年 4 月 22 日,在由中国企业家俱乐部主办、武汉市人民政府联合主办的中国绿公司年会上,联想控股有限公司董事长兼总裁柳传志指出,中国企业发展必须要坚持"以人为本",应该把员工的发展和企业的发展融合到一起。柳传志还进一步强调,企业需要把员工的利益放在一个很高的地位上,优先满足员工的需求,维护员工的利益,这样做决不仅仅是为了调动员工的积极性,而是二者本身就是一种经济体。认识到践行"以人为本"管理理念的必要性和重要性,许多著名企业除了做到遵守道德规范、诚实守信之外,还努力把员工放在第一位,用真诚关爱每一位员工,真心替员工着想。例如,珠海格力电器股份有限公司董事长董明珠强调,员工的发展跟企业的发展是分不开的,作为领导者应该给予员工关怀和帮助,为员工发展提供机会和平台,让每一位员工都热爱企业,才更有可能激发员工的潜力。2019 年 10 月 30 日,在海尔第七届职工代表大会第七次会议上,大会宣告了"人本主义"管理的再次提升,丰富了对员工的关怀,强化了员工的自主权,明确了企业社会责任的常态化。海尔正在努力建立一个更加完善的关怀体系,为员工创造一个更加温暖的企业环境,促使员工在充分享受幸福感的同时,可以实现个人发展和人生价值。而联想、格力、海尔等著名企业用他们不断发展和成功的事实告诉我们,这种注重道德管理和"以人为本"的领导方式在中国企业管理实践中是非常有用的。

最后,学者们也用大量的实证研究证明了服务型领导在中国企业管理实践中是有效的。例如,Yang 等(2018)以中国的西南地区银行职员及其配偶作为研究对象,在四周的时间里,从雇员及其配偶那里收集了三波数据。数据分析发现,在中国背景下,服务型领导能够对员工的家庭满意度和家庭生活质量产生积极的影响。此外,Lu 等(2019)以在一家大型中国食品集团的 25 家分公司中工作的员工作为研究对象。其中,每个公司都有三四个主要部门,主要负责材料管理、设备管理、生产管理、质量管理或运营管理。研究分析发现,在中国背景下,服务型领导能够增强员工对领导者的信任,包括在能力/可靠性方面上的信任和在情感方面上的信任,反过来,员工对负面情绪或想法的管理和控制方式可以得到明显改善。

所以,对中国人力资源管理实践者而言,践行一种更加注重道德管理和"以人为本"的领导方式,即公仆型领导,是非常有必要和有效的。虽然服务型领导遵循商业伦理,优先考虑他人利益,可以改善员工的态度和行为,但是该领导理念可能需要领导者付出更多的时间和精力,对领导者有一定的损害。例如,康勇军和彭坚(2019)研究发现,虽然服务型领导能够通过增加领导者的积极情绪对领导者的工作-家庭有所促进,但是同时又会导致领导者的自我损耗而引起领导者的工作-家庭冲突。

2.2　道德型领导是什么? 该领导方式一定是好的吗?

道德常常能填补智慧的缺陷,而智慧却永远填补不了道德的缺陷。

——但丁(意大利文艺复兴时期诗人)

"无德而官,则官不足以劝有德"(宋代李觏《强兵策》之八),意思是说没有好德行而授于官职,那么这种官职不能够鼓励有好德行的人。道德品质对一个杰出的领导者来说尤为重要,因为杰出的领导人和危险的能人之间的本质差别就在于道德品质的不同。如果领导者没有道德品质,那么他/她既毫无价值又很危险。管理学大师彼得·德鲁克认为,领导者若把专业知识看得比个人品德还重要就不应予以任用,因为领导者的观念可以成就组织的风气,一位品德不佳的领导者,无论学识多么丰富,专业能力多么强,都会给组织带来破坏。这样的领导者不仅无法给员工传授正确的价值观,而且会影响员工的工作表现并对组织目标的达成造成破坏。

　　企业最大的资产是人才,一旦发生内部道德危机,人才也会成为企业最大的负债,因此,企业也逐渐意识到,人才的品德比专业能力更重要。道德型领导(又被称为伦理型领导)不仅能够在个人行为和人际交往中遵守道德规范,而且可以通过双向沟通、示范强化、决策制定等来使这些道德规范内化于员工,并为员工提供一定的道德指导。道德型领导首先是一个道德个体,即道德型领导应当诚实、正直、可信,以身作则,在个人生活和工作中遵守道德规范,关怀他人和外部社会,并做出公平且有原则的决策;道德型领导其次是一位道德管理者,即道德型领导对员工提出道德期望,通过树立道德规范的榜样、进行伦理沟通以及运用奖惩机制来向员工传播道德规范和标准。员工会自动形成一个以他为领导中心的团队,通过领导者的指导使组织成员自我达成道德意识,认同组织的文化,进而做出对组织最有利的判断。具体来说,如何做到道德型领导呢?

　　(1)利他主义,而不是利己主义。领导者如果只是关注个人利益,那么,在进行行为决策时,该领导者可能不会考虑自身行为是否会给他人或组织带来损害,甚至有可能违反道德规范或法律法规。"伦理/道德"这一概念主要涉及"共同利益",领导者应该关注他人的权利和需求,考虑自身行为如何影响他人,将团体/集体利益置于个人利益之上,致力于维护团队/集体的利益。

　　(2)对事不对人,而不是对人不对事。领导者如果老是问"谁正确"而不是问"什么事正确",把人事置于工作要求之上,势必会造成公司文化的腐蚀和破坏。如果老是问"谁对谁错",就会促使下属但求无过、阳奉阴违,甚至玩弄权术。尤其糟糕的是,这样会促使下属在发现错误后掩盖错误,而不是采取积极的补救和改正措施,这对组织而言将是一场灾难。

　　(3)用人所长,而不是用人之短。马云曾讲过:"一个领导者和经理人的区别,优秀的领导者善于看到别人的长处,经理人往往看到别人的短处,永远要相信边上的人比你聪明。"领导者如果只看到员工不能做什么,盯着员工的弱点和不足不放,而从来没有看到员工能够做什么,不能欣赏员工的优点,那这样的领导者就会破坏组织的精神。当然,领导者必须清楚了解下属的局限性,并应该把这些看成是下属能够做某事的一种约束条件,是促使下属做得更好的一种挑战。领导者必须要把眼光放长远,要学会把适当的人调配到适当的岗位,让人尽其才,才能使员工卓有成就。

(4)德行优先,而不是有才无德。把才凌驾于德之上,这是人事决策中不成熟的表现。实践证明,有才无德的人对组织的破坏远甚于有德无才的人。在这样一个快速发展的时代,迫切需要每个人思考:什么样的文化能够让人们学会去呵护自己的良心,不因一切外在的因素而改变自己的良知。

当然,认识了道德型领导是什么之后,我们还需要进一步全面了解该领导方式的作用,以便在日常管理实践中更加合理地运用该领导方式。

1. 道德型领导好的一面

有效领导的本质是道德行为。由于道德型领导强调道德规范、关心自己的行为对他人产生何种影响、公平待人以及以人为本,所以该领导行为可以对员工产生积极且有效的影响。具体地讲,在工作环境中,员工可以通过两种方式学习道德行为:①直接模仿领导的行为;②观察其他员工的经历。一方面,道德型领导以身作则,严格遵守道德规范,向下属明确传达道德期望,为下属树立道德榜样,下属在工作中会直接模仿道德型领导的言行。另一方面,道德型领导往往会严惩那些违反道德规范或法律法规的员工,下属通过观察身边同事的经历来促使自己去学习遵守道德规范。

另外,道德型领导通常言行一致,信守诺言,并表现出高度的自信。而领导者的可信度和能力可以促使下属对其产生认知信任感,因为他们认为该领导者有能力履行领导角色。同时,由于道德型领导是道德的、公平的、诚实的,与员工保持开放和双向的沟通,所以该领导行为有助于促使领导者与下属建立良好的关系,加强两者之间的情感纽带,从而增强下属对领导者在情感方面的信任。总而言之,道德型领导能够提供一个道德的、公平的工作环境,这有助于改善下属的道德行为和心理健康,从而保证企业持续稳定发展。

2. 道德型领导不好的一面

在实际工作中,有时表现出道德型行为必须超越那些基本的基于任务和人际关系的活动,因此需要领导者花费很多时间和精力。当遵守道德规范与自身利益冲突时,或遵守道德规范会带来较低的绩效时,那么遵守道德规范会令人感到疲惫。具体地讲,道德型领导行为表现在两个方面:①严格遵守道德规范;②激励下属的道德行为。而道德规范并不总是与我们的自然倾向(通常是自利倾向)相一致,换句话讲,我们倾向于维护自己的利益,而在遵守道德规范时有时需要牺牲我们自己的利益,需要我们进行自我控制来克服这些自利倾向,以做到公平、公正,不偏袒任何一人。同时,这也需要我们必须抑制对那些我们喜欢的下属的偏爱和对那些不喜欢的下属的偏见。同时,领导者不仅追求绩效结果,还要顾及在追求绩效结果的过程中要遵守道德规范。例如,一家电力公司的首席执行官投资于适当的过滤设备和处理该公司产生的毒素的程序,将会付出比该公司绕过安全和环境标准直接向空气或水中释放毒素更高的费用。这些更高的支出将导致股东回报的减少和CEO业绩奖金的减少。此时,领导者可能会陷入两难境地,做"正确"的事还是做"盈利"的事。因此,做到遵守道德规范会消耗领导者的精力和时间。

另外,通过奖惩机制来激励下属的道德行为也可能会使领导者感到疲惫。对于资源有限的领导者而言,监督下属的道德行为并非一件易事。因为领导者还需要花大量的时间和精力做到基本管理需求,例如设定绩效目标、提供任务反馈、辅导和提供社会支持。监督下属的道德行为会产生额外的需求,因为领导者不仅要跟踪业绩结果(例如,生产、销售、运营等),还必须确保实现这些结果的过程或手段符合道德规范。例如,道德型领导必须核实她或他的销售团队不仅达到了销售业绩目标,而且必须确保在这一过程中没有违反任何道德规范(例如,虚假广告、批准为不符合资格的客户融资等)。因此,展示出道德型行为需要领导者花费额外的时间和精力,会导致领导者感到疲惫。

2.3　真实型领导是什么？该领导方式一定是道德的吗？

对一个人的评价，不可视其财富出身，更不可视其学问的高下，而是要看他真实的品德。

——培根（英国文艺复兴时期散文家、哲学家）

在真人秀节目横行娱乐圈的时代，表现越真实的明星，越容易受到观众的喜爱。职场也一样，具有真实感的领导更容易获得下属的信任，下属不必费尽心思去琢磨上司的意图，上下级之间的互动会更直接，氛围也更和谐。现实中，我们可以看到，虽然成功的领导者各具风格，比如乔布斯、李嘉诚、任正非都极具个人特色，但是他们都有一个共同的特点，那就是真实展现自我本性，从而塑造了不可替代的个人魅力和管理风格。过去的十年里，许多公司已经从能力型领导模式转型到真实型领导发展模式，就连《哈佛商业评论》也声称"真实性已经成为领导力的黄金法则"。那么，真实型领导到底是怎样的呢？

真实型领导是真诚的、自信的，能够深刻地认识到自己的信仰和价值观，在领导过程中能够清晰地认识自我，敢于做真实的自我，做到言行一致。真实型领导者自信、乐观、充满希望、富有韧性，具有高尚的品德。他们对自己的思想、行为以及所处的工作情境具有深刻的认识。真实型领导者具有以下四个方面的特征：①真实型领导者不伪装自己，履行领导角色完全是真实型领导者的自我表达行为，而不是在遵从他人或社会的期望；②真实型领导者承担领导的职责或从事领导活动不是为了地位、荣誉或其他形式的个人回报，而是出于一种信念；③真实型领导者是原创者，而非拷贝者，他们的价值观、信念、理想或使命在内容方面可能与其他领导者或追随者相似；④真实型领导者的行为是以自己的价值观和信念为基础，他们的行为不是为了取悦他人、博取声望或出于某些个人或狭隘的政治兴趣，因而真实型领导者也具有高度正直的特点。

通过进行两次研究，Zheng 等（2018）证实了什么样的领导会让员工感到真实。在第一组实验中，160 对来自中国不同企业的"领导-下属"组合参与了调查。领导者首先在独特感和归属感两种社会属性方面对自己进行打分(1 分代表完全不同意,5 分则代表完全同意)。随后,他们的下属则根据自己平日对领导的了解,对其在职场中展示出的真实特质进行打分评估。结果证实,对于独特感或归属感方面自评较高的领导,下属对该领导的真实性评分同样较高,而两方面自评都较低的领导,在下属问卷中的得分也较低。

为了验证这一结论是否同样适用于其他国家,Zheng 等(2018)还邀请了荷兰一所商学院的 102 位学生参与了另一组实验。实验中,所有学生需要代入职场下属角色,与此同时,实验操作者会播放领导者自我介绍的录音。实验操作者把学生分成了四个实验组,录音中领导分别流露出不同程度的独特感和归属感:很高的独特感和很低的归属感、很高的独特感和归属感、很低的独特感和很高的归属感、很低的独特感和归属感。在体现领导者独特感较高(低)时,录音中会播放"如果我的团队成员更多地了解我,他们就会认识到我的独特之处(我并没有什么不同)。在许多事情上,我和我的下属有不同(相同的)的看法"等话语;在体现领导者归属感较强(低)时,录音中会播放"在我以前的团队合作经验中,与下属一起工作通常比单独工作更(不)舒服"等表述。随后,学生们会对领导的真实性进行打分。结果证明,有强烈独特感或归属感的领导,其真实性得分较高,而既不独特也没有归属感的领导,得分则较低。这一结果再次印证了第一组实验得出的结论。由此可见,独特感与归属感对领导在员工眼中的真实感影响,并不受地域和文化差异的影响,这一研究结论在职场上具有普遍适用性。

但是在实际工作中要成为一个真实型的领导者,说说容易,但做起来难。在 2018 年 3 月的剑桥分析公司丑闻后,Facebook 的创始人兼首席执行官马克·扎克伯格面临着一场侵犯隐私权的危机,他当时的做法是隐身 5 天。他让公司的法律顾问助理代表他参加公司集会,并在有线电视新闻网(CNN)的采访中指责剑桥分析公司,而不是承担起自己应该承担的责任。

现实中,我们大多数人会在危急时刻偏离真实型领导人的标准。许多领导者在顺风顺水时表现得很好,一遇到危机就表现出不真实,因而也就不能做出身为领导者应该做出的大胆决策。有些领导者创建出一个假人格,似乎一切都在自己的完美掌控之下,而实际上他们顾虑重重,惴惴不安。但在今日这个更加透明的世界里,领导者做不到"假模假样,万事大吉",因为他们的下属或将不可避免地知道领导人表现得是否真实。

其实,真实型领导者可以是仁慈的,也可以是不仁慈的,也可以有很高的以权力地位为中心的价值观(即权力价值观)。真实型领导强调自我意识、关系透明度、平衡处理和内化道德观点,但是这些并不一定意味着是仁慈的或对权力没有欲望。Qu 等(2019)认为,拥有较高权力价值观的人也可以成为真实型领导者,只要他们坚持自己的高权力价值观,表现出与价值观一致的行为,比如追求高社会地位、财富、权威和对他人有更大的影响力。Sendjaya 等(2016)研究表明,当真实型领导具有利用他人达成个人目标的一种行为倾向(即马基雅维利主义)时,容易表现出不道德行为,而不是道德行为。

最后要说的是,员工并非期待一个完美的领导者,作为管理者,不需要面面俱到,伪装自己,只要在员工的眼里是真实的,他们就会愿意接纳你、信任你。所以,与其费尽心思表现完美,不如在职场上展示出真实的自己。我们鼓励的并不是随心所欲、不计后果的"真性情",作为一名领导者,你的真实必须建立在"尊重、包容、仁爱、正直"等职业道德的基础之上,否则一切将无从谈起。

2.4　谦卑型领导是什么? 适用于当前的管理实践吗?

要有人类的谦卑之心,承认自己需要改变。

——戈德·史密斯(领导力大师)

"谦"是中华民族的传统美德,《说文解字》中解释:"谦,敬也",因为谦能对人产生敬意,也就是说无论在什么情况下,都要有一种谦和的心态。《周易》六十四卦,唯第十五卦"谦",六爻皆吉,无一不利,卦辞预示着一个言行举止谦逊有加的人在做任何事情时都会顺利成功。孔孟儒道讲谦德,认为人应该"说话恭谨、不自满",强调了自谦,即懂得自我谦虚,才是真正的明智,这是大道的智慧。老子《道德经》也写道"太上,不知有之;其次,亲而誉之;其次,畏之;其次,侮之",强调了"谦"对于管理者的重要性,即最优秀的领导就是大家都不知道他是领导,也就是"百姓皆谓我自然"。

谷歌的人力资源高级副总裁拉兹洛·博克强调,"谦卑是他考察新员工的指标之一"。他进一步解释说:"你的最终目标是大家如何通力合作解决问题。我已经做了自己该做的,就该退后。"博克说:"谦卑不光是给别人闪光的机会,也是对自己知识的谦卑。没有了这种谦卑,就无法进步。"

Catalyst 网站做过一项研究,研究结果显示,要想营造一个让背景各异的员工都有归属感的环境,领导者身上必须具备四种品质,而谦卑就是其中最重要的特质之一。针对 1500 多名来自澳大利亚、中国、德国、印度、墨西哥和美国的员工,Catalyst 网站所做的调查显示:领导者身上利他或无私的作风会提升员工(无论男女)对自己工作团队的归属感。这种作风表现之一就是行为谦卑,能听得进批评,勇于认错。具体地讲,领导者的谦卑主要表现在以下四点:

(1)拿自己的错误当反面教材。当领导者展示自己的成长过程时,其实是让其他人的成长和学习有了可参照的依据;承认自己有缺点,会让其他人觉得他们犯错也没什么大不了。领导谦卑的表现会让下属意识到大家都是一样的人,有着相同的目标。这一点在人员结构比较复杂的团队表现得尤为突出。

(2)要沟通,不要辩论。表现谦卑的另一个做法是对不同的观点要真正去沟通。很多时候,领导者总想说服别人,总想证明自己是对的,从而错失了解别人观点的机会。包容的领导者会谦逊地选择让别人先说。这样做不仅让自己学到了东西,而且也尊重了别人表达见解的权利。

(3)包容不确定性。模糊和不确定性在当今企业环境中是常事,当领导者谦虚地承认自己不是所有事都能解决时,就给了其他人站出来解决问题的机会,而且,还会让大家产生相互依赖感。下属们会明白,要解决复杂、权限不明的问题,最好的办法就是依靠彼此。

(4)给下属当"下属"。谦卑的领导会让别人当"领导"。这种角色互换不仅有利于下属的职业发展,也让领导有机会换个角度看问题,对他们在人员结构复杂的团队中工作非常重要。

罗克韦尔自动化公司努力通过"玻璃鱼缸式会议"(一种促进交流的做法)来践行这种谦卑型领导。这种会议典型的场景就是:会议室中央由几位员工和管理者围成一圈,更多的员工则围坐在四周。员工相互之间以及与管理者之间可以随意地谈论任何话题,还会受邀参与最核心的话题进行讨论。这种会议每年在不同场地要举行数次,而管理者照例会在随意的交谈中体现出谦卑,向员工承认自己也有力所不及的时候,或分享自己成长和发展的历程。

2014 年 1 月,任正非曾在华为内部市场大会做过一个叫《做谦虚的领导者》的讲话,当时是华为急速发展,一步步向全球最顶尖企业攀登的关键之年。任正非所说的,不仅仅是其个人作为领导者如何保持谦逊,也是华为作为一个日渐占据行业领导地位的企业应该如何保持谦逊。

然而,国内有些企业的领导者(尤其是创始人)却往往比较强势,容易先入为主。很多时候,他们甚至不给下属表达自己观点的机会,在与下属沟通时也常常显示出自己的权威,这一点尤其表现在开会上。Hu 等(2018)研究发现,当权力距离水平低时,领导者的谦卑性越高,团队成员就会越积极地参与信息分享,但此时高谦卑对团队成员心理安全感的提高没有显著的促进作用;当权力距离水平高时,领导即使表现得谦卑,也无法显著促进团队成员分享信息,更让人意外的是,在这种情况下,领导越谦卑,下属心理安全感越低。也就是说尽管谦卑会让领导者表现得非常欢迎新的、不同的观点,但这不一定意味着成员真的愿意分享想法、交流信息,这其中要受到情景因素的影响;另外与谦卑型领导一起工作,并不足以保证团队成员在心理上感到安全;且当权力距离和领导风格不匹配时,反而会对成员心理安全感造成更加消极影响。

因此,"谦卑"虽好,却并非领导者的万金油,只有当领导风格和现实情境相互匹配时,某种领导行为特性才能适切地发挥出来。在"适合才是最好的"原则引领下,领导者需要探索何种领导行为类型会更胜一筹。

2.5　变革型领导是什么？该领导方式一定是好的吗？

领导者需要完成的重要工作之一就是预测变化，规划未来。而要做到这一点，领导者必须具有洞察力和趋势分析能力。

——张瑞敏（海尔集团董事局主席、首席执行官）

在充满不确定性和万物互联的时代，全球 CEO 正面临着前所未有的严峻挑战。每一个成功的企业，无论是什么行业、什么规模，它的背后都有一个真正的变革型领导者。变革，永远属于时代的思想者、创造者、领导者。在变革型领导过程中要强调领导者和下属之间的相互影响作用，领导者要激发下属的积极性，开发和提升下属对组织的认同感，进而更好地实现组织目标。变革型领导是改革的原动力，领导者重视下属内在需要的提升，并唤醒下属的自觉，协助他们超越"平凡自我"，以满足更高层面的内在需要，进而提升到"更加自我"。

变革型领导通常会表现出以下四种主要行为：①通过激励行为，变革型领导发展和阐明了共同的愿景和较高的期望，这些愿景和期望具有激励性和挑战性（鼓舞式激励）；②变革型领导通过清晰地描绘美好愿景采用与之相一致的方式行动表现出理想化的、具有影响的行为（理想化影响力）；③变革型领导在智力上鼓励下属挑战现状，并征求下属的建议和想法（智力激发）；④变革型领导关注下属的需要，将每个下属视为独特的个体，从而培养下属对领导者的信任（个体化关怀）。其中，引领组织变革是变革型领导最大的特点，变革型领导能够明确组织目标，清晰地描绘出组织蓝图，把握组织未来的发展方向，并激发下属的工作积极性。

在过去几十年中，很少有一种领导风格像变革型领导那样受到大量研究学者的关注。变革型领导者为追随者树立魅力榜样，向追随者传达美好愿景，通过挑战现状激发追随者的创造力，倾听追随者的需求和担忧，这些领导行为有助于激励追随者超越自身利益，追求集体目标。大量研究表明，变革型领导行为是提升领导效能最成功的方式之一,比其他领导风格(如交易型和放任型)表现出更高的有效性,并对追随者产生许多积极的影响,例如促使员工产生更多的积极情绪,更多对组织有利的行为。鉴于此,目前的假设是"变革型领导是一种普遍的积极管理实践"。Lanaj 等(2016)发现,在日常生活中,通过满足领导者的需要,变革型领导行为可以改善领导者本身的情绪。因此,人们忽视了变革型领导可能给领导者带来的损失,认为变革型领导具有普遍积极意义的假设可能为时过早。

当考虑变革型领导行为对领导者自身的影响时,这一假设可能并非成立。从事被广泛认为是"好"的领导者行为可能会让领导者付出代价。例如,研究已指出,遵守程序正义规则会让领导者精疲力竭。另外,由于领导者拥有有限的资源(时间、精力和权力),所以"好"的领导者行为需要消耗大量的资源。变革型领导行为可能会因为以下几个原因而特别费力:表达热情来激励追随者时可能需要情绪调节和消耗精力;想出令人信服的方法来说服追随者超越他们的自我利益并追求集体目标,也可能会消耗时间和精力。

变革型领导的每一种行为(即理想化影响力、鼓舞式激励、智力激发和个体化关怀)都可能对领导者的资源造成负担。首先,尽管变革型领导者需要频繁地表达积极的情绪,以便作为一个有魅力的榜样(即理想化影响力),但这种情绪表达不可能总是与领导者的实际感受到的情绪保持一致。当出现偏差时,领导者需要进行情绪调节或管理,以展示期望的积极情绪。虽然为了真正体验积极情绪而改变内心的感受已经被证明比表现出虚假的积极情绪更有益于个体幸福感,但这两种不同的情绪调节或管理方式都需要个体为此花费时间和精力,相对于自然地表现情绪,个体的疲劳程度会增加。因此,通过情绪调节,变革型领导行为会消耗领导者的资源,增加疲惫感。

其次,向追随者传达美好愿景和理想(即鼓舞式激励)时,领导者的工作是激发热情、建立信心和激励追随者,这可能需要情绪调节。同时,领导者在思考说服追随者的有效方法时,也需要投入大量的时间和精力。在互动过程中,领导者可能会使用非语言的表达方式,比如手势和姿势来促进他们的交流。

他们也可以采用表达性语言,如隐喻或生动形象,帮助追随者描绘他们的未来,以及理想的状态。这样做需要领导者考虑在他们的演讲中使用最具说服力和最合适的语言和非语言交流,这会耗费领导者有限的精力。

再次,挑战现状(即智力激发)要求领导者在努力打破陈旧的惯例时,耗费大量的资源。人们倾向于围绕着自己的行为养成习惯或惯例,而在遵从习惯或惯例时,人们可以将注意力集中在工作任务上。相比之下,新奇和罕见的行为方式需要更大的控制力和注意力,会损耗人们大量的时间和精力。为了挑战现状,变革型领导者需要打破以前的习惯或惯例,质疑当前的工作流程,重新定义问题和工作任务,这会损耗领导者大量的精力。

最后,关注每个跟随者的需求和独特之处(即个体化关怀)会损耗领导者的有限资源,因为这样做并不符合领导者的自然倾向。Fiske(1993)指出,拥有更高权力和权威的人对他人的需求和独特之处关注较少。陈规定型可以节省精力,因为它简化了信息处理和反应生成。而为了对每一个追随者的需求和独特之处给予足够的关注,变革型领导必须花费大量的时间和精力来克服这些自然倾向。Lin 等(2018)研究表明,变革型领导行为会引发领导者自身的损失,导致领导者的情绪衰竭,增加了领导者的离职意向。

第 3 章　商业伦理与人力资源管理

国以民为本,企以才为先。孔子曰:为政以德,譬如北辰,居其所而众星拱之。那么企业应该以"德"管理人才吗?

3.1 "后浪"时代:冷冰冰的传统人力资源管理模式还有效吗?

"前浪"还在奔腾,"后浪"已经涌起,在人才济济的新时代,员工因何选你?

网络上流行一个关于不同年龄层离职原因的段子:

"60 后":什么是离职?

"70 后":为什么要离职?

"80 后":收入更高,我就离职;

"90 后":领导骂我,我就离职;

"95 后":感觉不爽,我就离职;

"00 后":领导不听话,我就离职。

20 世纪 80 年代以后成长起来的年轻人是一个争议非常大的群体,以对"90 后"的评价为例,"60 后"说这批娃娃不好带,"70 后"说这群"小孩儿"有点叛逆又活泼,"80 后"说他们好洒脱哦!当然,"00 后"已经不把"90 后""放在眼里"了……

以"80 后""90 后"和"00 后"为代表的新生代群体是在一个和平安逸、开放包容的年代成长起来的,生活在社会主义市场经济、经济全球化和科技信息化三种交叠相织的大环境下。时代的特征赋予他们更多的机会进行自我思考与自我成长,对世界和自我的认识也更加成熟!

2020年的五四青年节,哔哩哔哩(B站)发布的献给新一代的演讲《后浪》刷屏,长期占据着互联网热度。在这段仅有三分钟的视频中,国家一级演员何冰老师以"前浪"的口吻,用饱含深情的话语向年轻人致敬,表达对他们的羡慕、认可和激励之情,引发了"前浪"和"后浪"不同观点的热议。

暂且不讨论这段演讲的观点立场,更重要的是它让"前浪"重新审视"后浪",新时代、新世代的年轻人充满活力、朝气和勇气,走在时代浪潮前,勇于承担社会责任,展现出新一代的生命力。

想必职场中的HR经常会被问到一个问题:企业为什么喜欢招聘年轻人呢?理由有很多,比如,年轻人比较容易服从管理,年轻人能加班、能出差、工作时间长,年轻人精力充沛、富有创造力,年轻人对薪酬的要求相对较低,等等。不可否认的是,"后浪"们已经成为职场主力军,随着越来越多的"后浪"加入,企业也逐渐步入"后浪"时代,面对思想活跃、观念新颖、精力充沛的新生代员工,我们如何对人力资源管理进行重新赋能,让"后浪"们有更深的潜力、更大的能力、更高的活力在组织中实现价值和理想?在回答这一问题之前,我们首先要了解,新生代员工具备哪些特质。

中国科学院心理研究所人格与社会心理研究中心蔡华俭研究员对在心理学视野下的针对中国社会变化的相关研究进行了全面回顾和整理,从文化价值、人格特征、自我建构、人际信任、幸福感、情绪、动机、关系、心理健康以及其他社会态度和行为等方面勾画出了半个多世纪以来中国人心理与行为变化的总体趋势,其中提到三个最主要的变化是:①现代社会广泛流行的、与个体主义相关的诸多价值(自主、独特等)日益盛行,而传统社会流行的与集体主义相关的许多价值(服从、内敛等)在衰落。②独立建构的自我日益增强,而互依建构的自我不断减弱。③与中国传统文化关系密切的人格因素(涉及人情、面子、关系、和谐等)的水平在降低,而适应现代社会要求的人格因素(涉及多元、开放、包容等)水平在上升。

我国学者熊玮和王涛在对 1232 名员工及 136 名雇主进行调研及访谈的过程中,发现与非新生代员工相比,新生代员工更加看重薪酬,更加注重福利和社会保障,更渴望因工作能力、工作表现被认可且对劳动权益的维护更加敏感。

南京大学学者赵宜萱在她的博士论文中深入探讨了工作特征与新生代员工幸福感之间的关系,她在 2014 年 11 月至 2015 年 4 月间,对 60 家企业的 700 名员工(其中包括 519 名新生代员工)进行问卷调研,发现了工作特征(即技能多样性、任务完整性、任务重要性、自主权、工作反馈等)可以通过员工心理需求的满足(自主权、胜任力、与他人关系等)对新生代员工的幸福感产生影响。具体而言,一方面,她发现对于新生代员工来说,一份工作做得是否开心,主要取决于他们在这份工作中能否保有工作自主权,与他人的关系是否融洽,自己是否能胜任它,等等。新生代员工渴望获得更多的工作自主权,他们希望做自己,能够自由地表达想法和观点,能够自主地规划自己的工作。如果能与团队中的其他人相处融洽,且工作能力得到团队认可,他们将会在这份工作中获得更多的价值感和动力。另一方面,新生代员工十分注重一份工作能否帮助其自我成长,其十分注重个性与个人品牌的塑造。

赵宜萱在其博士论文的研究基础之上,在 2018 年发表了一篇关于中国新生代员工管理及其对人力资源管理转型影响的研究。在这项研究中,她于 2016 年 12 月至 2017 年 2 月期间,对位于我国江浙一带且分属于不同行业的 6 家企业 150 名在职满 6 个月及以上的新生代员工进行一对一的访谈,就他们当前的职业目标、影响他们工作态度或行为的激励因素或条件等进行针对性的问答,其中代表性的问题有:

(1)你目前的工作是否符合你为自己设定的职业目标?

(2)你认为是什么内在动机激励你每天来上班的?

(3)你认为是什么外在动机激励你每天来上班的?

(4)至今为止,你对自己所取得的职业成就满意吗?你认为还有什么可以改进的?

（5）你觉得最能影响你工作态度或行为的三个因素是什么？

（6）你觉得什么可以提高你在公司的幸福感？

表 3-1 是研究者从 150 名受访员工中抽取的具有代表性的回答，从受访员工对问题的回答来看，领导风格、薪酬和团队氛围是被提到次数最多的三个关键词。且他们觉得，如果公司有良好的社会声誉，关心员工，对客户真诚负责的话，会让他们更有成就感，工作起来更加有动力。还有一点值得一提，新生代员工（尤其是经常加班的新生代员工）更加关注健康，更加渴望有更多的空闲时间陪伴家人或健身，他们认为健康与工作同等重要，没了健康和生活，工作将味如嚼蜡。

表 3-1　部分受访员工提及的关键词与问题匹配

受访员工	问题 1 企业规范	问题 2 工作动机	问题 3 组织支持	问题 4 企业文化
员工 1		领导风格	职业规划	
员工 2	薪酬			
员工 3		技能培训		
员工 4			企业绩效	
员工 5	管理策略			领导风格
员工 6		工作挑战		
员工 7			团队氛围	
员工 8				企业文化
员工 9		领导风格		企业文化
员工 10				

如果将工作看作一种"身·心·灵"的修炼，那么在我们国家还未得到长足发展，物质生活还未如此丰富的时候，人们工作更多的是为了"生存"。而随着经济的发展与社会的不断进步，人们的物质生活得到了极大提升，人与人之间的各种信息、资源连接从"家与家""地区与地区"变成了"国与国"或者"世界

是一家",物质共享、信息共享、资源共享甚至理念共享的界限被打破,国家变得前所未有的开放。从小成长在这种环境中的新生代们似乎与老一代们内敛、谦逊的特质截然不同,变得更加开放、包容、自主且自信,他们不仅仅将工作看作一种谋生的"手段",更将其视为实现人生理想的"途径"。他们往往更注重在工作中寻找类亲情式的职场环境以及和谐的工作团队,期望能够得到领导和同事们的关心和帮助,追求幸福感和归属感;有社交、尊重和自我实现等高层次需要,尤其是内心能够体验到工作的意义、自主性和成就感;同时也寻求和谐的群体工作环境、个人价值的实现以及精神上的满足。但不幸的是,目前一些中国企业仍未摆脱传统人力资源管理思想和管理模式的枷锁,对员工进行直接或者间接的意志和行为控制,员工被雇主视为最大限度地提升组织绩效的工具,"996""007""886"的工作模式更是屡见不鲜。但令人担忧的是,基于正式的规章制度、强制控制与外在激励的传统人力资源管理模式与新生代员工的工作价值观、伦理观日渐背离,导致新生代员工工作意义的严重缺失,员工在工作中无法找到归属感、存在感和成就感,进而导致员工的对抗情绪增加、怠工、离职等现象的出现,更有甚者还会有员工自杀的可能。因此,在以新生代员工为主力军的新时代,企业应注重伦理文化的培养与塑造,将诚信、尊重、责任、公平、关怀及公民性等伦理理念切实融合在人力资源管理进程中,才能助力新生代员工梦想起航。

3.2　知行合一:将 CSR 与 HRM 相融的好处有什么?

言必信,行必果,使言行之合,犹合符节也,无言而不行也。

2019 年,一场突如其来的新冠疫情汹涌而至,让全球陷入一场前所未有的灾难中,人们开始重新思考生命和健康的价值以及人生和工作的意义;企业也开始重新审视企业社会责任与企业长远发展的意义,越来越多的企业开始将企业社会责任纳入企业的日常经营管理中,不断探寻企业社会责任的践行深度和广度。

对企业社会责任的内容阐释最经典的研究有两种：卡罗尔（Carroll）的"金字塔模型"和弗里德曼（Freeman）的"利益相关者框架"。"金字塔模型"将企业应履行的社会责任划分为四类：经济责任、伦理责任、法律责任和自愿责任（自愿责任后被重新命名为慈善责任）。"利益相关者框架"显示出：狭义的企业社会责任是指对股东以外的其他利益相关者所应履行的责任，只强调企业作为社会公民的一份子，有义务和责任履行社会责任，为社会发展做贡献；广义的企业社会责任是指包括股东在内的对所有被清晰界定的利益相关者所应履行的责任，更强调企业在实现经济效益的同时对环境、利益相关者所做的贡献。

我们主要从狭义的企业社会责任内涵出发，探讨基于员工视角，将企业社会责任与人力资源管理相融合，打造知行合一的伦理型人力资源管理模式。主要分两步介绍：

第一步，将企业社会责任理念融入人力资源管理中。这里首先要引入一个概念，即社会责任型人力资源管理或基于社会责任的人力资源管理（socially responsible human resource management，SRHRM）。学术界尚未就这一概念的内涵形成统一的解释，但简而言之，社会责任型人力资源管理就是将企业社会责任理念或可持续发展理念融入人力资源管理中，比如除了为员工提供具有竞争力的薪酬和良好的工作环境外，还在招聘过程中关注应聘者的责任意识，为员工提供企业社会责任方面的培训，并将员工的社会贡献纳入其绩效考核与晋升中，以鼓励员工积极参与到企业社会责任实践中。社会责任型人力资源管理领域中最权威的学者之一杰（Jie Shen）在他和约翰（John Benson）的研究中提到，社会责任型人力资源管理不仅是一种切实可行的企业内部 CSR 管理制度，也是一种能够积极发动员工参与企业社会责任实践的有效方式。两位学者在这篇研究中也制定了目前学术界应用最为广泛的社会责任型人力资源管理测量量表，如表 3-2 所示。

表 3 - 2　社会责任型人力资源管理测量量表

编号	题项
01	在招聘和甄选环节,公司会考虑候选人对企业社会责任的兴趣
02	通过培训,公司将社会责任价值观上升为组织的核心价值
03	通过培训,公司提升我们参与企业社会责任的相关技能
04	我们在企业社会责任活动中的表现与职业晋升挂钩
05	我们在企业社会责任活动中的表现与绩效考评挂钩
06	我们在企业社会责任活动中的表现与报酬奖金挂钩

第二步,员工-企业社会责任共创。员工-企业 CSR 共创,这个概念最初来源于市场营销领域中的消费者参与企业价值共创。以往有研究显示,消费者作为企业的一个重要的外部利益相关者,通过赋予消费者一定的权力,可以在很大程度上调动其积极性,使其甘愿为企业作贡献。比如,越来越多的企业开始通过线下或线上的方式邀请外部利益相关者参与到 CSR 实践活动中,并期望通过这种方式实现消费者-企业 CSR 价值共创。如,蚂蚁金服在支付宝平台上推出的"蚂蚁森林"活动以及微信中的"转文捐款""助跑""捐步"等。然而近年来,我国企业的企业社会责任报告等相关资料显示,企业在履行社会责任的过程中开始越来越多地考虑员工的价值。如,腾讯公司支持内部员工自发组织腾讯志愿者团队以向社会和员工表明腾讯励志做"最受尊敬的互联网企业";阿里巴巴集团推出"再造地球项目",即采用"公益共创"的方式,让 140 位来自于不同部门的阿里人投入 500 小时的业余时间参与自然教育手作课程。他们以废旧塑料、落叶等为基础材料创作了 1200 件新物品,最终将其有创意地剪辑成了一部原生态环保公益动画片;万科在 2018 年发起 177 场员工志愿者活动,1351 名员工志愿者在扶贫、助残、敬老、乡村教育、环境保护等多个领域为社会贡献力量。在员工-企业 CSR 共创中,领导与员工间关系也不再是发号施令者与听命执行者之间的关系,而是一种更有效的、更激发人心的联盟合作关系。因而,相比于传统的 CSR 而言,员工-企业 CSR 共创将在很大程度上调动员工的积极性,进而激发员工的内驱力。

由于员工是企业绩效创造的关键因素,因而这种充分调动每个员工积极性和激发内驱力的 CSR 共创则会使得企业在实现经济绩效的同时实现社会效益的"双赢"成为可能。

不得不提的是,目前还有相当一部分的企业存在这样的现象:一线员工不了解 CSR、参与积极性不够;甚至觉得企业拿 CSR 当幌子、当做秀工具。但随着渴望实现自我价值、更加关注企业社会责任感的新生代员工成为职场的中流砥柱,企业不管是迫于适应员工需求还是发展需求,都在主动或被动地探索摆脱以往冷冰冰的管理模式,而通过将 CSR 理念融入人力资源管理中,构建一种员工与企业间对等、合作的 CSR 共创关系,由员工与企业共同主导、共同参与、共同评价,可以为企业提供一种员工与企业共赢的人力资源发展模式(如在 CSR 项目前期设计阶段的共同选择和设计,中期实施运行阶段的员工充分融入,以及后期效果评价阶段中的员工与企业共同评价效果等方面)。

3.3 关于求"才":为什么歧视是招聘永远绕不开的话题?

美国黑人民权领袖曾说:"有朝一日,我的四个孩子将生活在一个不以肤色而是以品行来评判一个人优劣的国度里,人人能够生而平等,黑人能够享受与白人一样的权利。"但歧视真的消失了吗?

我国学者在近些年来,对招聘市场上的歧视现象做了深入研究,但主要集中在性别歧视方面。国外学者从更加多样化的视角探讨了招聘市场中的歧视问题。

英国学者斯图尔特(Stuart W. Flint)和索尼娅(Sonia C. Codreanu)等人做了一项十分有趣的研究,他们从以往的研究中发现:肥胖的人容易被他人误解为缺乏领导能力和工作能力,而且与身材相对匀称的同龄人相比,人们对肥胖人群的成功预期较低,认为管理不好身材的人同样管理不好自己的理想和目标。基于以上发现,斯图尔特及其团队尤其想探讨肥胖人群在求职时是否会遭受歧视。他们在"需久坐""需久站""无需体力"以及"需要重体力"等四个职业中招募了 181 名具有招聘经验的员工,让他们参照自己所在的职业要求,就肥胖者是否适合就业进行打分。结果除了重体力职业对肥胖人群没有歧视外,其他三个职业的参与者均认为肥胖人群与非肥胖人群相比,可能更不适合就业。

类似于这样的研究还有很多,我们从中不难发现,无论是国内还是国外,歧视是企业招聘过程中始终绕不开的话题。如果将目光聚焦在国内,探究是哪些因素影响了招聘的公平性,可能有以下几点:

(1)高校扩招导致市场劳动力过剩,一个职位可能有大量的候选人供企业选择,而企业出于本能,为了最高效筛选出最适合的人才,自然会设置一些"门槛"或条件。

(2)我国《劳动法》中明确规定:劳动者就业,不因民族、种族、性别、宗教信仰不同而受歧视。妇女享有与男子平等的就业权利。在录用职工时,除国家规定的不适合妇女的工种或者岗位外,不得以性别为由拒绝录用妇女或者提高对妇女的录用标准。但在执行过程,相关监管部门缺乏对企业的监督。

(3)由于国内劳动力供给相对充足,企业的招聘成本低,因此企业会歧视性地选择就业者。

其实,招聘歧视是一把双刃剑,它有时可能会助力企业更加高效的快速招聘到合适的人才,节省企业的时间成本和经济成本;但它又是最为破坏企业伦理文化和社会信誉的利器,因为它直接向公众展示了企业的不负责任和不诚信行为,对企业形象和社会信誉的破坏力是巨大的。借用狄更斯的一句话:这是一个最好的时代,也是一个最坏的时代。对于企业来说同样如此,当下的时代,企业可以选择的人才前所未有的多,人力资本前所未有的丰富和多样,如何运用好这济济人才池,以更加公平、透明、开放的手法筛选自己所需的人才,是当下企业都应考虑和重视的伦理问题。

3.4 关于用"才"：企业社会责任能助你管理好自己的员工吗？

巧妇难为无米之炊，将军不打无准备之仗，没有好的"利器"，你能管理好自己的员工吗？

企业中管理者和员工之间发生冲突并不少见，比如近两年频繁爆出的员工周末不加班被领导狂骂事件，以及上海某物业公司员工因琐事在工作群中辱骂领导事件，均说明如若企业管理者没有运用好自身的领导权力，轻则会导致领导与员工之间和谐关系的破裂，重则会致使员工对企业信任感以及忠诚度的"崩塌"。

企业管理者们都希望与自己的员工建立一种和谐共赢的关系，希望员工富有责任感，能够主动担责，而不是被动等待指令。企业通常采取内部培训、团建、先进事迹分享等方式帮助员工提升敬业度和主动工作的积极性。近几年，组织伦理方向的研究进展表明，如果领导者们提升自己在社会责任方面的修为，也可以增强员工的积极性和责任感。

在2015年，比利时学者贝西厄（Tijs Besieux）及其合作者们通过研究证实，变革型领导可以通过向员工传达企业社会责任理念、支持员工参与企业社会责任实践、将企业社会责任绩效纳入员工的绩效考核等方式，来提升员工对企业社会责任的感知程度，进而提升员工敬业度。

2016年，华中科技大学学者高永强和何威发现，企业社会责任对管理者的伦理型领导行为有积极的促进作用，进而可以提升员工的组织公民行为。以往已有研究表明，高层管理者，特别是公司首席执行官，可以通过塑造良好的伦理氛围，来影响员工的亲组织行为，提升组织的社会责任感。而这项研究为高层管理者提供了一种可行的方法来塑造组织的伦理氛围，即高层管理者可以利用企业社会责任，来向下属传达他们所尊崇的伦理价值观，激励下属采用伦理型领导风格，进而提升一线员工的组织公民行为等一系列亲组织、亲社会的行为,使得组织的凝聚力更强。

2019 年,我国中欧国际工商学院管理学教授韩践与合作者们就此展开了一项研究,研究团队选取了中国一家制造业集团公司中的 150 个工作团队作为研究对象,分别对这些团队的主管们及其下属员工进行了调研,这些互评者的上下级关系已经保持了多年,彼此十分了解。调研要求团队成员评估主管在日常决策中展现出的社会责任,并评估作为员工对于企业的信任度,主管则对下属是否在工作中展现出主动担责、帮助他人、超越自身工作范围为企业做贡献等行为维度进行评估。研究结果表明:

第一,在日常决策中展现出社会责任的"良心"领导者会带动企业和员工提升社会责任感。领导的行为会影响员工的行为,下属倾向于模仿领导行为。随着领导者自身道德水平的不断提高,员工对企业社会责任政策的认知度与敏感度也随之提升,逐渐从模仿者变为主动践行者。也就是说,领导者的社会责任感和正义感,不仅能够增加企业内部员工互助和担责的行为,也能在不知不觉中推动员工与领导共同向高标准的责任感和行为看齐。

第二,领导者的"良心"行为,能增强员工对企业的信任,主管以身作则地展现具有社会责任感的行为会向员工释放出一种信号,示意员工:这样的公司富有社会责任感,是良心企业,值得为之付出额外的努力。当员工接受并内化了这样的信号,就更有可能信任公司自上而下宣传的愿景和目标,相信自己在公司内会得到公允的对待,从而以更开放的心态面对组织的安排与变革,甚至愿意在一定范围内牺牲自己的个人利益而成全组织利益的最大化。

第三,员工对组织的信任度提高会激发员工主动承担责任。研究显示,员工和组织之间的信任度提高,会让员工更加认可公司的整体发展目标,同时相信公司会在多方面支持员工的发展,因此,他们会表现出符合组织利益的行为。例如,主动"传帮带"新人,提高同事间的协助合作,主动为企业节约成本,维护企业的公众形象等。相反,一旦组织和员工之间的信任度降低,员工们就不愿承担更多责任,只求达到岗位描述中规定的最低要求,遇事还会互相推诿,以免因为额外举动而受到批评或承担风险。在日常决策中承担更多企业社会责任的领导者及其管理的公司更有可能获得员工的信任,而信任公司的员工能够主动地维护公司利益,承担额外的责任,并且同事之间及上下级之间的协作和相互支持也会变得更顺畅。

这项研究从实证角度打开了一个"黑盒子",强调了"良心"领导力对于员工行为的带动效应,以及"信任"在这个链条中极其关键的作用,对于企业的信任是员工主动担责的关键驱动力。因此,高管在日常决策中展现出企业社会责任相关的"良心"领导力,也是增强员工积极性和责任感的一个有效途径。

此外,美国学者安德森(Heather J. Andersona)及其合作者们认为,通过对员工进行社会化,即通过让员工了解组织需要从他们那里得到什么,学会如何与团队中的其他成员相处而尽快融入团队,让员工理解自己在团队中的角色以及组织价值观、社会责任观等,来帮助员工适应组织的过程。对于伦理型领导来说,社会化可以帮助员工提升伦理和道德意识,从而使得伦理型领导者能对他们产生更大的影响力。对于诚信领导者来说,社会化可以推动团队价值观的一致性,从而加强和巩固领导与下属之间的关系。对于变革型领导来说,通过社会化,尤其是当支持、指导和帮助员工与他们工作中涉及的利益相关者接触时,员工也会更加认可和支持其提出的变革措施及领导方式。此外,组织还可以通过社会化进程来减少组织内部因员工个体差异而带来的负面影响。在组织层面,注重不同部门、团队和个体间的团结协作、任务协同、知识共享等,可以克服员工自身的个人主义倾向,提升其集体主义倾向、道德责任感等。

综上所述,已有大量研究证明,企业社会责任是组织管理者领导员工,增强组织向心力和凝聚力的一把利器。它既可以更好地帮助领导培养人才,提升员工的敬业度和对组织的信任感,使得员工为"我"所用;也可以帮助员工更快、更好地融入组织,获得组织认同,实现自我价值,激励自我成长。

3.5　关于留"才"：企业社会责任能减少员工的离职意愿吗？

轻轻地我走了，正如我轻轻地来。当员工想离职时，你能做些什么？

对于年轻一代来说，离职不算是需要深思熟虑后才能谨慎做出决定的事儿，工作的不开心，要离职；领导不够好，要离职；企业离家太远，要离职；加班太多，要离职；工资太低，要离职；想去世界走走看看，要离职；等等。但对于企业来说，离职带来的不仅仅是损失了一个人才而已。曾有人计算过员工的离职成本：一般来说，核心人才的流失，至少有 1～2 个月的招聘期、3 个月的适应期和 6 个月的融入期。此外，还有相当于 4 个月工资的招聘费用，且企业还要承担超过 40％的招聘失败率。员工离职后，从找新人到新人顺利上手，光是替换成本就高达离职员工年薪 150％，如果离开的是管理人员，代价则更高。更为纠结的是，曾有权威机构估算过，一个员工离职会引发大约 3 个员工产生离职的想法，照此计算的话，如果员工离职率为 10％，则有 30％的员工正在找工作；如果员工离职率为 20％，则有 60％的员工正在找工作。那么，为减少员工（尤其是核心人才）的流失，企业及其管理者可以做些什么呢？

美国学者齐默尔曼及其合作者们认为，影响员工离职的因素有很多，比如同事满意度、主管满意度、工作满意度、薪酬满意度、晋升满意度、工作的可替代性、职场奉献精神、工作义务感等均可以影响员工是否决定离职。

澳大利亚学者内贾提（Mehran Nejati）及其合作者们曾做过一项关于员工对企业社会责任感知是否对其离职倾向产生影响的研究，他们调查了不同行业的 851 名员工后发现，员工对企业社会责任的感知可以提升员工的工作满意度，进而减少员工的离职倾向。基于这项研究的发现，企业一方面可以积极提升自身的企业社会责任战略的规范性和完善性，以更加透明、严谨、负责的态度与利益相关者进行沟通；另一方面可以通过企业培训、文化建设等措施积极向员工传输企业社会责任理念、鼓励和带动员工参与到企业社会责任实践中。当员工切实感受到其所在的企业是真诚的对社会负责、对利益相关者负责时，他们会产生更强的组织安全感、自豪感和成就感,从而会更加认同自己身处的组织,对工作的满意度也会更高,因而对组织产生一种强烈的归属感和责任感,忠诚度也会更高,离职意愿会大大降低。

我国澳门学者林(Long W. Lam)及其合作者们在伦理型领导如何影响员工建言及员工离职意愿的研究中发现,伦理型领导可以影响员工的工作价值观。比如,出于对组织的负责,员工会投入更多精力来完成工作任务,员工会更加心无旁骛地工作,进而影响员工的建言行为,比如受领导伦理型特质的影响,员工对组织有强烈的义务感和责任感,他们会毫无保留地支持和鼓励团队中的其他成员参与到问题解决方案的讨论中来,并会直言不讳的提出新方案、新想法、新建议等。伦理型领导通过对员工工作价值观、建言行为等一系列影响,来最终减少员工的离职意愿,使得员工更好地为组织工作。

澳大利亚学者豪克(Amlan Haque)及其合作者们以澳大利亚员工为研究对象,对责任型领导与员工离职意愿及员工对组织承诺之间的关系进行了探究。他们用利益相关者文化传播(即领导十分注重团队、组织与利益相关者之间公开、透明、和谐的关系,倡导组织及其中的每一份子都应对利益相关者负责)、人力资源实践(即在日常管理过程中,领导善于运用授权、指导、监督等手段帮助员工更好地参与和完成组织项目,树立员工的自信心和责任感)、管理支持(即领导时刻注意反省和管理自己的行为,以身作则,引领员工向他看齐,共同努力和进步)等三方面来定义和测量责任型领导。通过对200名员工进行深入细致地调研后发现,责任型领导可以积极减少员工的离职意愿,增强员工对组织的归属感和忠诚度,进而提升员工对组织持续性的、情感性的、合规性的承诺。

芬兰学者丹(Dan Nie)及其合作者们主要以女性为研究视角,调查了芬兰8个不同行业的212名女性员工,发现社会责任型人力资源管理实践对女性员工的离职意愿有显著的负向影响,而其主管的性别又会对这一影响关系产生积极的调节作用。具体来说,能够促进就业平等、提升工作-家庭平衡的社会责任型人力资源管理实践在降低女性员工离职意愿方面发挥着显著的作用。当女性员工的主管或上司同样为女性时,其女性上司会更加理解和包容女性员工在面对生活和工作双重压力时一些无奈行为,比如可能要比男性员工投入更多的精力照顾孩子和家庭;在每月身体特殊的时期,其工作态度、工作精力可能不如往常那么积极和充沛等。因此,当领导或上司同样为女性时社会责任型人力资源管理实践对女性员工离职意愿的降低作用会更加明显。该项研究也给予了我们一些反思和启示,女性员工的工作能力和工作潜力并不比男性差,她们受社会刻板印象的影响,被道德、文化、传统等一系列因素抑制的太久。尽管到目前为止,职场上对女性员工的歧视仍未消失,但令人欣慰的是,越来越多的女性在摆脱枷锁,冲破"偏见",努力迈入社会,用自己的实际能力证明男性能做到的,女性同样可以做到。当女性更加积极、努力地在职场打拼时,也希望企业能够少一些偏见,多一些理解和认可。当你作为管理者,给予女性更多的情感关怀和工作关怀时,你会发现,女性的潜力是巨大的。

基于以上分析,我们得知,每一个员工的离职背后,都有深层次的原因和导火索。虽然我们不可避免员工因居住地变迁或家庭不可抗的因素而提出离职,但我们可以采取一系列措施来减少员工(尤其是企业核心人才)的离职,将企业社会责任融入到人才管理的全过程中就是避免人才流失最有效的措施之一。员工和企业可以说是一种相互成就的关系,企业为员工提供成长的平台,给予员工发展所需的各种资源,引导员工树立更加成熟的价值观和责任观,员工感受到企业带给他的归属感和成就感,从而用努力成长,专心工作来回报企业。

第 4 章　大数据时代的商业伦理问题

目前大数据是反映客观世界的镜子和观察现实世界的显微镜。据 IDC 发布的《数据时代 2025》的报告显示，2025 年全球每年产生的数据将增长到 175ZB(合 192.5 万亿 GB，见表4－1)。大数据时代的到来，使得商业领域的销售模式和消费方式都发生了颠覆性改变，消费者的理念和行为因此正逐渐发生着转变。由于商业交易地点、渠道、方式的改变，许多新的问题影响甚至困扰着我们，如何面对和解决这些问题成为大家关注的焦点。本章主要通过对大数据时代消费者行为特征、消费者和企业共创 CSR、绿色消费行为、消费者的道德行为等四个方面的介绍，帮助大家深入地认识大数据时代消费者的行为。

表 4－1　数据单位及换算

缩写	单位	量	大小(以字节记)
b	Bit 比特	—	1/8 Byte
B	Byte 字节	8 bit	1 Byte
KB	Kilobyte 千字节	1024 B	1024 Byte
MB	Mega byte 兆字节	1024 KB	1024^1 Byte
GB	Giga byte 吉字节	1024 MB	1024^2 Byte
TB	Tera byte 太字节	1024 GB	1024^3 Byte
PB	Peta byte 拍字节	1024 TB	1024^4 Byte
EB	Exa byte 艾字节	1024 PB	1024^5 Byte
ZB	Zetta byte 泽字节	1024 EB	1024^6 Byte
YB	Yotta byte 尧字节	1024 ZB	1024^7 Byte
BB	Bronto byt 亿字节	1024 YB	1024^8 Byte
NB	Nona byte	1024 BB	1024^9 Byte
DB	Dogga byte	1024 NB	1024^{10} Byte

4.1 大数据时代,消费者有哪些新的行为特征?

对于大数据,尽管不同行业的研究者们进行了多种解释,但大家比较认可的是 IDC 和 IBM 从特征角度的解释——大数据具有 5V 特征,即 Volume(数据量大)、Variety(数据类型大)、Velocity(产生速度快)、Value(价值密度低)、Veracity(真实程度高)。面对大数据,致力于释放其价值的众多技术迅速产生,如 Scribe 和 Sqoop 等采集技术、GFS 等存储技术、Spark 等挖掘技术、ORACLE等可视化技术。相比于传统的统计学分析,大数据技术则具有强调相关关系、分析总体样本、处理更为混杂的数据 3 个优势。作为大数据的贡献者,尽管广大消费者们对这些专业问题知之甚少,然而在现实生活中消费行为却和大数据及其技术有着千丝万缕的联系。我们对消费者新的消费行为特征进行了梳理:

(1)消费行为因场景而不同。同样的人在搜索商品时可能会因地点表现出不一样的行为特点。比如同样是搜索你喜欢的商品,在家里时你会和家人一起浏览,在公司时你会和闺蜜一起浏览。所以,消费者行为和场景有很大的联系,这也就是为什么阿里巴巴会有 18 个性别标签了。

(2)通过多种媒介咨询信息。考虑到信息来源、传播途径、完整程度和价值大小等因素的影响,消费者在购物前会从多个网络平台收集信息。如为了货比三家,在购物方面,你会同时关注淘宝、farfetch、京东、唯品会、微信、咸鱼的信息;为了不同需求,在美食方面,你可能有每日优鲜、美团外卖、星巴克等多款软件。除了通过线上查询,消费者还会通过线上线下结合的形式获取信息。

(3)受时间和空间的限制小。在"数化万物,万物数化"的时代,随着物联网设备的全覆盖,几乎全部商品的信息都会在网络媒介上传播。因此,许多消费者有更多的机会进行选择。在时间上,消费者有更大的范围在每天的任何时候购买他所需的物品。在空间上,以前难以购买的物品现在可以通过物联网获得。

(4)受网络口碑的影响较大。在商业领域,大数据在商品兜售上展现了巨大的魅力,但是消费者并没有使用大数据技术在商品选择上获得优势,他们仍通过消耗眼力和体力的原始方式进行浏览和对比。然而,网络中充斥的大量信息无法让他们在有限的时间内做出购买分析和决策。比如,网络评价作为购买与否的一项参考,对某些具有海量评价的商品,如何从海量评价中找到自己想要的某类评价(比如袖口方面)犹如大海捞针,此外还要考虑评价的真实性、客观性等多个方面。

(5)因购物平台不同有差异。不同购物平台的定位,引发了消费者较明显的差异行为。通过"咸鱼"交易平台,消费者以更优惠的价格购买他人闲置的生活物品;在孔夫子旧书网,书籍爱好者可以淘到市场上鲜有的旧书;通过喜马拉雅 APP,人们可以收听各种各样的音频节目;通过滴滴打车,乘客能提前预约乘车。同时,在同一消费平台,根据消费行为特征的不同,也存在多个不同的消费者群体。

(6)更注重自己的消费隐私。随着电商的发展,我们的所有消费信息几乎都在网络上可查询,事实表明大数据时代个人隐私并没有得到好的保护,消费者时常担心自己的隐私问题。据《2018 年诺顿 LifeLock 网络安全调查报告》,中国消费者的隐私意识居全球前列。2020 年 10 月 21 日,中国人大网公布《中华人民共和国个人信息保护法(草案)》全文,并对其公开征求意见。这都反映了消费者越来越重视自己的消费隐私安全。

通过上面的叙述,你对自己的消费行为特征应该有了一个大致判断,但这些特征是同时代消费者都具有的,所以可能描述地不够详细。更为具体地,研究者们有一项研究花了 4 个月的时间调查了 1027 名大学生,研究者通过两阶聚类分析研究发现,根据大学生的在线消费行为特征,可把他们分为购物爱好者、直接购买者、迟疑的浏览者和不称职的消费者。

(1)购物爱好者大多把时间花在互联网上的娱乐门户和社交网络平台上。这部分人非常了解如何使用在线商店和在线下单。据报道,对这一细分市场而言,电子商务的便利性是另一个非常高的因素。也就是说,这类消费者表示,他们在网上购物时不必走出家门,也不需要乘坐任何交通工具来访问这些商店。此外,这部分人认为在线购物平台比实体店提供更好的价格和更好的产品选择。这一细分市场的消费者不像其他消费者一样担心在线电子商务交易中其私人和财务信息的安全性。这类消费者也不太担心在线产品的交付过程、在线运费和在线产品退货的复杂性。

(2)直接购买者通常不会在娱乐门户网站和互联网社交网络平台上花费时间,他们通常不喜欢在实体店购物。他们更愿意在网上商店满足他们的购物需求,因为他们的网购率高于平均水平,他们会在想好购买什么商品后去网上购买。这部分消费者在网上购物时不太关心他们的私人信息和财务信息的安全性。直接购买者非常了解如何使用网上购物网站和在线下单。

(3)迟疑的浏览者大多把时间花在娱乐门户、社交网络平台、搜索引擎、新闻门户和互联网电子邮件服务上。他们不愿意接受网上购物,并不是因为他们认为电子商务很复杂,而是担心他们的个人信息的隐私和在网上交易时他们的财务信息的安全。此外,这类消费者还关注网购产品的配送,认为网购产品的退货过程比较复杂。尽管这部分人同意网上购物提供了方便和省时的好处,但他们对网络的不信任和对网上产品的交付和退货过程的担心,阻止了他们网上购物。这类消费者大部分时间不是通过网上购物,而是通过网上商店了解各种类型的产品和服务,并发现最新的趋势。

(4)不称职的消费者通常不会在互联网上使用搜索引擎、新闻门户网站和电子邮件服务。这类消费者不擅长使用网上商店购买产品或服务。他们认为很难学会在网上商店下订单。因此,我们发现该细分市场的电子商务成交率远低于平均水平,他们不会在没有购买意愿的情况下去浏览商品。这部分的消费者由于感知到互联网上的隐私和安全问题而对网上购物产生恐惧。此外,他们不认为网上商店在购物方面提供了便利。

在大数据时代,消费者群体虽然因技术创新整体上表现出一些传统交易中没有的行为特征,但是个体间会选择的消费方式仍存在着较大的差异。所以在大数据的背景下,消费者行为呈现出越来越复杂的特征,只有在深入了解消费者所处情境的基础上,对消费者贴的"标签"才是有效的。

4.2　消费者和企业共创企业社会责任是什么？这种模式会给企业带来什么？

占领市场必先占领消费者的心灵。

　　　　　——李奥·贝纳(美国 20 世纪 60 年代广告创作革命的代表人物)

共同创造并不是什么新奇现象,其起源可以追溯到前工业时代。工业化时代,随着产品变得更加标准化以获得更大的成本优势,共同创造失去了往日盛行,取而代之的是大规模生产。然而,随着后工业时代的出现,品牌开始居住在一个快速、灵活的新生产设施,分散的组织和快速发展的信息技术的环境中。在这样的环境下,消费模式变得越来越异质、不可预测、不受品牌控制。这限制了满足客户特殊需求和愿望的大规模生产能力。因此,在 21 世纪初,共同创造重新出现并开始被视为产品和服务创新的未来。因此,有人提出,传统的以公司为中心的方法已经成为以客户为导向的,其特点是在产品和服务的共同创造中加强客户参与。随着国家和社会层面对企业社会责任的重视,企业和消费者的互动从产品业务逐渐转向企业社会责任。如,由腾讯和赞助企业发起,微信用户实际参与的公益捐赠活动;支付宝通过蚂蚁森林项目激励用户参与环境保护;等等。类似上述消费者为了谋求他人或社会福利,自愿以时间、体力、物质或金钱资源的形式支持企业的 CSR 活动的过程被称为消费者-企业社会责任共创(Consumer-Firm CSR Cocreation)。这种由企业和消费者共同履行社会责任的活动,激发了消费者行善的动力,让他们与企业有持久合作的意愿。

有学者根据消费者在参与 CSR 活动过程中与企业的关系,对消费者-顾客企业社会责任共创进行了分类,如表 4-2 所示。

表 4-2　共创的类别

共创的类型	例子
交易式 顾客通过购买产品或服务的方式进行 CSR	Timberland 的"碳足迹"标签、滴滴出行的 "爱心里程"、淘宝店家的"公益宝贝"
合作式 顾客作为企业的合作者,与企业共同完成 CSR 活动的设 计、组织及实施	百盛集团的"捐一元"项目、芝麻信用的 "无人小站"
游戏式 顾客以游戏玩家身份,参与企业开发的游戏类 CSR 活动	蚂蚁金服的"蚂蚁森林"、德国电信的"海 上寻宝"、腾讯的"行为公益季"等

通过上述分类,我们惊讶地发现,几乎所有的社会责任共创活动都是在线上完成的。这表明:①大数据时代,随着数据收集、存储和分析能力的跃升,同时新的数字化和互联环境也为客户提供了与品牌更直接互动的可能性,社会责任共创活动多以线上的形式展开。②消费者-企业社会责任共创借助强大的存储和计算能力,实现了大量过剩资源的共享,有利于持续履行企业社会责任。除了以上特点,消费者-企业 CSR 共创还会带来哪些积极的影响呢?

(1)解决备受关注的社会问题。消费者-企业社会价值共创能够充分利用顾客群体的利益相关性、广泛性、便利性和主观能动性,多元化的海量顾客资源能够弥补企业自身资源的局限性,从而增强 CSR 活动设计阶段的科学性和实施阶段的有效性,提升 CSR 活动的社会价值创造能力。

(2)强化社会整体的公益意识。通过最大范围地调动广大顾客群体参与,鼓励更多的消费者与企业共同完成企业社会责任,有利于把责任意识渗透到社会中,引发社会整体的公益意识与行为。

(3)实现顾客自我价值的提升。顾客会因给他人提供帮助、给社会带来福利而得到社会的认可和尊重,并由此产生自我成就感、认同感、效能感和社会存在感,从而实现顾客个体价值的提升。

(4)提升企业自身的品牌形象。作为共创企业社会责任的重要一方,企业通过与顾客共同合作完成社会责任活动,有利于企业与顾客之间建立和谐的关系,在顾客中间树立良好的形象,强化顾客对品牌的认同和偏好。

对企业来讲,没有顾客的认同作为共创的基础,消费者-企业社会责任共创模式就不会在市场竞争中取得成功。同时,一项针对韩国五大商业银行的615位客户的调查表明,当顾客感受到企业履行社会责任的程度越高时客户公民行为还使客户能够主动沟通预期问题,提出建设性建议,并愿意容忍服务失败。因此,客户可能被视为服务业的部分员工,他们创造了共同创造的价值。例如,客户通过帮助金融服务部门的财务顾问,越来越多地参与到服务创造过程中。

此外,一项在西班牙进行的研究调查了1101名保险服务企业的顾客,结果发现:①当客户意识到公司的社会责任实践时,他们会更加强烈地认同公司,并更愿意投入个人资源(如金钱、劳动力)为公司带来利益,从而实现共同创造活动。此外,除了内在和外在的动机因素外,顾客的共同创造意愿也取决于超越的动机,包括他们的合作为社会上其他人提供的利益。因此,期望顾客更有可能参与与他们认为有社会责任感的品牌/公司的共同创造活动是有道理的。②在共同创造活动中,品牌不再试图通过分析市场调查数据或组织焦点小组来发现客户可能想要什么,而是能够直接从共同创造项目中收集客户的意见,这种良好的品牌与客户的互动和关系,是共同创造计划的基础,是客户信任的关键驱动力。同时,通过共创,顾客愿意与某一特定品牌建立长期关系,并向其他人推荐该品牌。

4.3　绿色消费行为是什么?
这种行为会产生什么样的影响?

简单淳朴的生活,无论在身体上还是在精神上,对每个人都是有益的。

——爱因斯坦(美国科学家)

随着人类生存环境问题的频发,环境问题日益受到社会各界的关注,如大家比较重视的垃圾分类处理、餐饮节俭等。除此之外,你可能保持着重复利用自来水、及时关闭电器、减少一次性塑料袋的使用等习惯。通过日积月累,这些看似平常的行为不但降低了生活成本,而且节约了资源,潜移默化地影响了周围的人。

这些生活中对环境友好的行为是绿色消费行为的表现。绿色消费行为是指与环境相关的,以满足个人需求的愿望为动机,以社会整体福利为出发点的消费行为和购买决策。绿色消费行为被认为是必要的、可取的和必不可少的,因为作为负责任的消费行为的一部分,绿色消费者通常可以通过购买绿色产品、回收产品/材料和减少消费来尽量减少消费对环境的不利影响。我们对日常工作与生活中的绿色消费行为进行了整理和归纳:

(1)绿色饮食:手机点餐,理性点外卖,光盘行动,选择绿色食品,自带水杯。

(2)绿色交通:步行,骑行,电动汽车,氢气汽车,混合动力汽车。

(3)绿色服饰:选择天然原料衣物,无染色环保型面料,旧衣回收。

(4)绿色家电:无氟利昂制冷的空调,低辐射彩电,净水器。

(5)绿色建筑:避免"过度装修",分类处理建筑垃圾,节能、节地、节水、节材建筑。

通过上面的描述,想必你对什么是绿色消费有了更为清楚的认识。你可能已经践行了某些绿色消费方式,并以自己的行动影响着他人。

1. 你是否过于以积极的态度看待绿色产品?

有人说:"越来越多的人只是比过去意识到环境保护的重要性,但是并没有变成环保主义者。"尽管绿色产品相比于传统产品对环境更加友好、更加安全,但是在生活中存在很多盲目、过度消费绿色产品的情况。比如,参与者认为同一种食物(曲奇)在被描述为"有机"时含有较少的卡路里,尽管这一说法与卡路里含量无关;当在同一个标有"环保"而不是"传统"的灯下工作时,参与者感觉到更大的舒适感,并且在视觉任务上表现得更好。也就是说,面对绿色产品,消费者是否会在对环境的影响上出现错误的判断呢?如混合动力汽车被认为具有较高的燃油经济性和较低的排放而风靡市场,但实际混合动力汽车存在能耗高、电池寿命短、维修费用高等缺点。

康纳尔大学传播系的两位教授对此问题进行了研究,他们从土耳其亚马逊机械公司招募了370人参与实验。其中,女性193名,男性177名;白人占了大多数,其次是亚裔和黑人/非裔美国人。

参与者首先阅读一个虚构的美国中产阶级家庭"面包师"的描述。在2×2受试者之间的设计中,面包师被描述为拥有一辆或两辆车,分别是丰田凯美瑞(传统条件)或丰田凯美瑞混合动力车(绿色条件),然后再请他们填写编制好的心理学量表。结果发现:参与者认为相比于一个家庭拥有一辆丰田凯美瑞,拥有两辆丰田凯美瑞时对环境的影响更大,但当家庭被描述为拥有丰田凯美瑞混合动力车时,这种影响就被消除了。

绿色消费有时会让你变得难以察觉自己的过度消费行为。如果在生活中你喜欢选购绿色商品,那么你就要注意绿色消费行为可能带来的不好影响。

2. 绿色消费行为和你的个性有关系吗?

你家里有没有这样的长辈,他(她)每次会把装过商品的塑料袋攒起来,等你着急需要的时候能拿出一堆袋子来任你挑选?对装过快递的袋子或盒子,你是否总觉得应该再次利用?为了环保,你是否在每次出门前总想着随手关灯、拔插头呢?

相较于其他人,为什么有些人在生活中保持着一贯的绿色消费风格。除了外在的一些原因,由于内在个性导致的绿色消费行为在现实中并不易被明显察觉。然而,科学研究早已证明某些个性突出的消费者更可能有绿色消费行为,来自中国科学技术大学的研究者们对此进行了研究。他们以386名消费者为研究对象,结果表明随和性、责任心、外向性和经验开放性是影响绿色消费行为的重要因素。我们对这四种个性及其与绿色消费行为的关系进行了归纳:

(1)随和性。随和是一种倾向于同情、慷慨、合作和社会和谐。和蔼可亲的人通常是宽容、善良、合作、同情,并且喜欢帮助他人。因此,随和性高的个体更有可能采取措施进行生态友好行为,因为他们认为这种行为是社会接受的,与"好公民"有关。随和性的个体更善良、更信任、更利他、更主动考虑他人和环境,从而更容易选择购买绿色产品。

（2）责任心。具有较高责任心的人会因为对环境的关注度更高而更容易意识到严重的环境问题，因此他们倾向于采取适当的措施来保护环境。此外，具有较高责任心的个人会认真遵守社会规范来采取各种行动，因此他们有责任尽职尽责，表现出自律的态度，以期在未来创造更好的环境。

（3）外向性。外向性指的是个体对关系的舒适感。外向的人喜欢群居、善于社交、自信果断。一个高度外向的人会对生态行为产生积极的影响，因为他/她是活跃的、社会性的和以人为本的。高外向性个体倾向于表现出更多的亲环境态度和行为，如绿色旅游和绿色食品。

（4）经验开放性。对经验的开放与对不同和不寻常的经历的丰富思考和欣赏有关。开放性可能会激发个体进行生态友好行为的意愿，因为它与审美鉴赏和求知欲有关。对经验持高度开放态度的人通常更有好奇心、创造力。

绿色消费在生活中无处不在，绿色消费并不是一种追求奢侈的消费理念。而是一种干净、低廉、对环境友好的消费方式，践行绿色消费不仅需要坦然的心态，也需要抵抗商家诱惑的能力。

4.4　消费者的道德行为

应该热心地致力于照道德行事，而不要空谈道德。

——德谟克利特（古希腊唯物主义哲学家）

1. 不道德的退货行为

随着网上购物的兴起，商家和消费者之间在网上交易的过程中发生了诸多以前没有遇到过的问题，如网购后的退货行为。其中因为尺寸不合、实物差异、物流速度等原因发生的合理退货属于消费者的应有权力，但是对于恶意退货这种不道德行为，应该受到相应的惩罚。由于不道德的退货行为，导致商家利益频频受损。例如，一些客户购买万圣节服装，使用过后将其退货；有些人在一家商店以较低的价格购买产品，然后以全价退还给另一家商店；有些会更改价格标签，并返回带有更高价格标签的产品。有一项研究对这种不道德的退货行为进行了分析,他们通过对 400 名消费者的调查发现,消费者的低道德水平、周围朋友的看法会促使不道德退货行为的发生,但是消费者自我调整能力、退货成本、复杂的退货程序等则会阻碍不道德的退货行为的发生。此项研究不仅对阻碍或促进不道德退货行为的因素进行了分析,同时该研究更进一步地分析了消费者在采取不道德的退货行为后,出于担心自己安全的原因,不会再去该商家进行再次消费。

2. 网上伪造个人信息

当数据化程度加深,但信息安全没有法律保护时,消费者为了自身的安全可能会修改自己的信息,给他人示以不正确的个人信息。

康涅狄格大学商学院市场营销学教授 Girish Punj 分析了消费者伪造个人信息的原因,该研究发表在《营销管理杂志》(*Journal of Marketing Management*)上。这些原因主要包括:

(1)当消费者认为个人信息面临被盗用的威胁时,他们会保护个人信息,而且他们对自己应对这种威胁的能力没有信心。对信息控制有更大需求的消费者可能会基于认为隐私是一种不可侵犯的权利而在网上伪造个人信息。众所周知,公司使用消费者提供的数据来确定其对某一产品的预订价格,该产品通过其在线搜索活动表现出了兴趣,或者追踪到了不好的产品评论的作者。那些认为自己有权限制对其个人信息的访问的消费者可能会采取规范的行动,以保护自己免受公司利用其个人数据对其产生不利的影响。

(2)有过负面在线体验的消费者可能会将此类侵权行为归咎于公司或其不知名的第三方关联公司的不道德行为。此外,这些消费者可能认为现行的隐私法不足以保护他们免受隐私侵犯。因此,他们可能会采取规范的行动来保护自己的个性权利,并通过采取诸如隐藏其在线活动等策略来保护自己免受未来的入侵。当消费者的在线身份之前被泄露时,他们也更有可能伪造个人信息。

(3)人口统计特征也可能影响消费者在网上伪造或隐藏个人信息。例如,消费者的个人收入越高,他们的匿名性可能就更高。同样,受过更多教育的消费者也可能更倾向于在网上伪造个人信息,因为他们的网络流畅性可以掩盖他们的身份。在线信息披露也可能存在重要的代际差异。年轻的消费者(如千禧一代)更可能在网上披露真实的个人信息,因为他们对社交媒体的普遍使用使他们对这样做的风险不敏感。

消费者伪造个人信息的决定可能是对公司道德上有问题行为的反应,而不是一种机会主义和道德上有问题的主动行动。公司应该对任何这样的趋势感到担忧,因为这表明消费者担心他们的私人数据,可能正在采取先发制人的措施来保护这些数据。在线信息造假的趋势可能对移动商务公司尤其有害,因为它们需要准确的、可感知位置的、关于消费者的实时信息,以便进行个性化通信和定制产品。

3.消费者的差评

除了不道德的退货行为,网购评论也涉及消费者的道德问题。消费者的差评一般和自己的负面网购经历相关,如客服冷漠的服务态度、宝贝和描述不同、山寨产品等,但也不尽然和负面经历有直接关系。例如,在收到网购物品后,你会纠结于如何对该物品做出客观的评价,而不是习惯性地好评或者不评。尤其当"买好评""删差评""收评价"的网络评价产业链充斥在一些电商平台时,你觉得一条客观中肯的"差评"会让其他消费者眼前一亮,做出理性的购物决策。

消费者之所以会差评,除了和自己的负面经历有关系外,最近的一项研究认为,差评还与消费者的个性有很大的联系。独立性强的个体看重自身的独特性,所以他们倾向于认为自己是独特的,与他人不同,更强调独立决定和对自己生活的掌控。依赖型的个体将自己定义为关系的一部分或集体主义,所以他们重视亲近性和关联性,倾向于关注重要人物的特征和共同目标。相较于依赖性强的消费者,独立性强的消费者更可能在网购后做出差评。这是因为,独立自我会为了实现自我效能并体现自我独特性而倾向于传播负面的网购经历,借此表达出反抗的声音;依赖性强的人会为了帮助他人做出更好的消费决策以及帮助品牌或企业建立良好的口碑而倾向于传播正面的网购经历,满足自己从众的心理。

尽管内在的个性会影响消费者的网购评价行为,然而现实的情况是复杂的。在网购中,消费者采取何种评价主要是由商品或者服务的质量决定的。一旦遇到糟糕的服务或产品时,个体会以何种形式来维护自己的权益呢?发表在《商业伦理杂志》(Journalof Business Ethics)上的一项研究对此问题进行了分析,它们认为消费者在遇到糟糕的线上服务时,一般会采用下述两种处理方式:

(1)赔偿模式。采用赔偿模式的客户往往是理性和务实的。尽管他们对这种情况不满意,但他们并没有以个人或反对的方式来处理它,而是将其作为一个需要解决的问题。这些客户倾向于"关注导致失败的事件,并采用注重确保实际结果和解决方案的冲突方式"。他们特别是在网上投诉的情况下还担心为其他客户获得赔偿,以此作为恢复社会秩序的一种方式。

(2)对抗模式。采用治安模式的客户倾向于以更具对抗性的方式来定义服务失败。他们认为公司背叛了他们,因此他们觉得有必要通过表示反对来重申自己的立场。他们想惩罚公司的不当行为;同样,他们也关心并提醒其他客户注意类似的不公正行为。总而言之,这些客户可能会采取更具对抗性的冲突方式,这种方式侧重于惩罚违规者并提醒其他消费者。

研究者们通过进一步的分析发现:①选择赔偿模式的消费者一般期望获得公司对自己的补偿和道歉。②赔偿投诉者更可能寻求第三方组织的帮助。例如,他们可以向在线消费机构投诉,这些机构提供了一个平台,客户和公司可以通过这个平台见面并找到解决方案。③相比之下,对抗式的投诉者应该更喜欢投诉网站、评论网站和社交媒体允许他们直接公开攻击这些公司。④选择赔偿模式的消费者,在坚持下去的情况下更有可能得到解决,而选择对抗模式的消费者即使坚持了一段时间也可能解决不了问题。

对于为什么消费者会选择这种对抗模式,研究者给出了三个方面的原因:首先,只要对抗者认为公司受到了惩罚并吸取了教训,无论解决方案的结果如何,他们都是高兴的。其次,这些消费者可能将警告他人视为恢复社会公正形式的一种道德义务。最后,对抗模式的抱怨者可能会从这种发泄行为中感受到更强的积极情绪,因为它是针对大量公众的。

大数据时代,消费者的许多行为都在网络中留下了印迹,因为缺少法律和规则的约束,不道德的消费行为一度在网络中泛滥。现如今,随着法律和规则的健全,对什么样的道德行为应给予鼓励,什么样的不道德行为应进行打击必须进行仔细地判断。这样有利于净化数据,为"有限数据分析能力的消费者"提供少而精的信息,减少他们在垃圾信息上的精力消耗。

第 5 章　商业伦理与环境保护

随着企业环境伦理成为一个至关重要的议题,企业如何更好地参与环境保护?本章主要介绍商业伦理中的环境保护问题。具体地,我们将围绕以下几个议题展开:当今企业热衷于环境保护的原因;员工绿色行为对企业承担环境责任为何至关重要;什么样的员工更愿意参与绿色行为;企业应如何激励员工绿色行为;领导如何影响员工实施绿色行为;空气污染对组织行为的影响;何种情况下参与环境保护反而对企业有害无利。本章内容旨在帮助读者更全面地认识和理解商业伦理中环境保护这一重要组成部分,并基于前沿学术研究成果和现实案例为实践者提供一些企业环境保护方面的日常管理启示。

5.1　当今企业为何热衷于环境保护?

2016 年 8 月,阿里巴巴公益板块推出了一款互联网绿色金融产品——蚂蚁森林,旨在倡导低碳生活和保护环境。蚂蚁森林用户参与低碳行为节省的碳排放量被计为虚拟的"绿色能量",用来在手机里种下一棵棵虚拟树,待树苗长成后,支付宝和公益合作伙伴就会在地球上种下一棵真树或守护相应面积的保护地。截至 2020 年 5 月底,蚂蚁森林的参与者已超 5.5 亿。根据世界自然保护联盟(IUCN)公布的《蚂蚁森林造林项目生态价值评估》结果,截至 2020 年 9 月 26 日,蚂蚁森林累计种植和养护真树超过 2.23 亿棵,造林面积超过 2040 平方千米。通过太空中的近地轨道卫星,蚂蚁森林种下的这些树木清晰可见,被网友戏称为"互联网第八大奇迹"。

　　在汽车行业,绿色环保这一趋势也推动了电动汽车发展的浪潮。近年来,捷豹路虎积极参与全球性环保合作项目(EV100)以及英国政府在中国发起的长期环保活动"绿色先锋在英国"(Greenis GREAT)。捷豹路虎全球副总裁、中国首席财务官于钧瑞称:"作为英国豪华汽车代表和电动汽车的领先者,捷豹路虎正以'Destination Zero'作为全球企业愿景,致力于开创一个零排放、零事故、零拥堵、更加高效和健康的社会。"。

　　我们可以看到,越来越多的企业开始热衷于环境保护与绿色发展。环境保护是企业践行商业伦理、履行社会责任的一个重要方面。那么,当今企业为何致力于环境保护这一表面上与企业盈利并不相关的社会责任活动呢?

　　从外部环境来看,中国企业面临着保护环境的法律压力。近年来,我国对环境问题的高度重视促使相关法律法规日益完善。"十三五"期间,习近平生态文明思想正式确立并不断巩固;"绿水青山就是金山银山"的理念逐步深入人心;生态文明立法取得重大进展;行政监管和执法体制改革全面展开;中央生态环境保护督察成就突出;环境司法专门化建设稳步推进。根据《中华人民共和国环境保护法》的要求,企业应当防止和减少环境污染和生态破坏、实施清洁生产、建立环保责任制、排放应税污染物应缴纳环境保护税等。迄今为止,我国的生态文明专门法已形成了由 38 部法律、150 多件行政法规、250 多件部门规章、1970 多项技术标准等所构成的立法体系。在我国日益完善的环境保护法律体系下,企业环境违法违规行为将带来多种法律风险。因此,外部压力促使企业越来越多地重视并参与环境保护活动。

　　但是,我们发现,很多企业在环境保护方面所做出的努力远远超出了法律规定,更加积极主动地承担企业环境责任,比如开头提到的蚂蚁森林和捷豹路虎的例子。过去,企业社会责任活动被认为使企业的经济功能与社会功能相对立,甚至被视为企业的"负担"。然而,美国前财长、保尔森基金会主席亨利·保尔森在接受《哈佛商业评论》的专访时表示,能够应对环境风险、提高能源利用效率、降低碳排放的企业才能在未来的竞争中抢占先机。

　　事实上,企业重视环境保护、履行环境责任对企业自身也大有裨益。具体而言,积极参与环境保护能够为企业带来有形和无形两方面的宝贵财富。

第一,降低运营成本,提高企业利润与投资回报率。从财务方面来看,企业保护环境、节能减排可以在很大程度上降低运营成本。例如,迪士尼通过设立减少对环境危害的目标,倡导绿色标准等措施,每年降低了10%的用电量,而这些节省下来的电量可供三个主题公园一年使用。再以联邦快递(FedEx)为例,700架飞机与44000部机动车辆组成的运输队伍,一天就要消耗400万加仑燃料。公司按既定的"燃料意识"计划,就可以减少约35%的燃料消耗、提升20%的载运量。再如,通用磨坊(General Mills)在其位于吉尔吉亚卡温顿市的工厂安装了能源使用监测表之后,当年的支出节省了60万美元。只要企业重视环保、真正实践企业社会责任,投入的资源自然就会减少,成本就能相应降低。此外,在道琼斯全球指数(DJGI)最大的2500家公司中,由可持续发展方面表现最好的5%的公司组成的道琼斯可持续发展指数(DJSGI)的投资回报要高于全球指数。在一份为期5年的对比研究中,道琼斯可持续发展指数比全球指数的表现平均高出36.1%,道琼斯可持续发展指数中的能源企业比全球指数中的同类企业表现平均高出45.3%。

第二,提升企业形象,赢得顾客信任。履行环境责任不仅能为企业带来经济上的好处,更为企业带来无形的利益。企业社会责任是企业的一张品牌名片:一项针对全球26个国家25000人的调查发现,人们对一家企业的印象评价不仅来自其利润表现,更来自于该企业履行的社会责任,积极履行企业社会责任能够在顾客心中树立积极正面的企业形象。声誉是企业宝贵的无形资产。在环境保护意识觉醒的今天,公众越来越关注企业能否在保证产品质量之余支持环保等公益事业,注重环境保护已经成为企业在众多品牌中脱颖而出的要素。以美体小铺(The Body Shop)为例,从创立至今,美体小铺一直注重对环境及自然资源的保护。美体小铺坚决反对用动物进行任何产品实验,所有的产品原料来源都是纯天然制品,而且包装全是可再生材料,连商品标签都强调简单环保。通过树立一个绿色环保的形象,美体小铺赢得了顾客的良好口碑,提升了品牌知名度,成为成长最快的化妆品品牌之一。此外,随着中国品牌的崛起,中国企业在走向世界的同时也越来越需要将战略的核心放在提升自身的绿色可持续发展能力上。作为中国领先的乳制品企业,伊利很早就意识到了绿色可持续的重要性,如今这一点已经成为伊利集团以及旗下品牌的发展基因,也为伊利赢得了市场和消费者对品牌的信任和支持。

总而言之,追求环境保护和绿色可持续发展已经成为全球范围内一种不可逆的社会潮流。"得天独厚者,须替天行善道",越来越多的企业开始热衷于环境保护这一社会责任和伦理行为,这不仅是因为参与绿色环保活动能够为整个社会创造福祉,更是因为企业自身可以从中获得发展和前进的动力,优化企业与利益相关者的关系。

5.2 员工的绿色环保行为为何至关重要?

人是企业最宝贵的无形资产。对于一个企业而言,任何一项企业政策的落实、任何一个企业目标的实现,都需要依靠员工的身体力行。在环境保护领域,企业绿色环保目标的实现、企业环保相关政策的实施和执行,也必定需要每个员工的积极参与和配合。

面对日益严峻的环境问题,作为社会的三大主要部门之一的企业,也越来越重视和热衷于参与环境保护。对于企业而言,设置远大的环保目标和制定完善的政策并不困难,然而,企业环保绩效的提高和绿色愿景的实现,仅仅依靠企业的承诺和展望是不够的,而是更加需要依靠一个个员工在日常工作中身体力行地遵循和践行企业环保政策、实施有助于环境保护的行为。因此,有必要从微观视角出发,聚焦企业员工的绿色环保行为。

近年来,有关员工绿色行为的研究开始兴起。员工绿色行为是指组织员工在工作场所中展现的一系列有助于保护环境、降低个人活动对自然环境造成负面影响的个人行为。员工绿色行为既包括企业要求参与的、与工作任务相关的绿色行为,也包括员工自发参与的、与工作职责无关的绿色行为。在工作中,节约工作场所的水电资源、回收利用、避免浪费、主动就环保问题建言献策、积极影响同事参与环保行为等,都属于典型的员工绿色行为。

很多人不免会问:对于企业而言,普通基层员工的绿色行为到底能起到多大的作用呢?事实上,员工绿色行为的作用也许被大家低估了。员工绿色行为是企业正式绿色管理计划的重要补充,是企业环境保护的重要组成部分,也是促进企业可持续发展的关键。现有研究发现,员工绿色行为不仅能够为企业带来一系列积极结果,比如有利于节约成本、为企业带来竞争优势等,还有助于企业更好地承担环境责任,最终促进整个环境的可持续发展。由于员工的绿色行为能够提高企业绿色管理措施的效率和环保绩效,预测和管理员工绿色行为也逐渐引起学者和企业管理者的重视。

近年来,如何在人力资源管理的过程中影响员工绿色行为成为一个重要的议题,绿色人力资源管理也开始受到广泛关注。绿色人力资源管理强调将环境管理与企业战略人力资源管理联系起来,通过将人力资源管理的各个职能模块绿色化来影响员工的能力、动机及参与机会,进而影响企业的环保绩效表现。绿色人力资源管理通过人力资源管理实践来实现对企业资源的可持续利用,从而促进企业的可持续发展事业。研究表明,采取较多环境导向的人力资源管理措施的企业具有更好的环保绩效。因此,在实践中,企业可以通过实施绿色化的人力资源管理措施,如招聘、培训、绩效管理和考核、薪酬福利等以提高企业的环保绩效,并通过环保绩效的不断提高进一步促进企业绿色人力资源管理实践的发展。

众人拾柴火焰高。为促进企业的环保表现,作为普通员工的大家能做的其实有很多。我们可以从以下方面将绿色行为实施到每天的工作中:对于工作文件尽量选择阅读电子版或进行双面打印、在办公室使用可重复使用的水杯或餐具、离开办公室随手关灯、参加骑行或步行上下班活动、积极提出环保相关的建议向领导建言献策等。如果每一位基层员工都将环保意识身体力行地落实到自己的工作中,那么,员工个人的小小举动终将推动整个企业的环保愿景成为现实。

总而言之,对于追求绿色环保和可持续发展的企业而言,个体员工的绿色行为是至关重要的。如何通过绿色人力资源管理实践来提高员工的绿色行为，从而促进企业环保绩效的提升和环保目标的实现，是每个管理者都应当思考的重要问题。

5.3　因人而异：什么样的员工更愿意参与绿色行为？

鉴于员工绿色行为对企业的重要作用，预测员工绿色行为受到企业管理者和学者的日益关注。那么，哪些因素会对员工参与绿色行为有积极影响呢？我们可以注意到，在工作场所中，有些人总是随手关灯、双面打印来节约能源，而有些人则对环境问题视而不见、经常浪费水电等资源。这种现象表明，员工参与绿色行为的意愿和程度是因人而异的。那么，什么样的员工会是更加环保的员工呢？对此，本小节从员工个人的角度出发，重点介绍各种个体层面的因素（包括个人特质、环保态度与价值观、情绪状态和工作态度等）如何影响员工绿色行为。

（1）尽责性。尽责性特质较强的员工在工作中会实施更多的绿色行为。人格特质通过影响员工的认知与思考方式，进而影响员工的行为。尽责性特质较高的员工在工作中会更加尽职尽责，并通过不断地努力做出有利于组织发展的事情，比如积极参与绿色行为。基于此，Kim 等（2017）研究了尽责性这一重要的个人性格特质对员工绿色行为的影响。通过对来自 3 个公司的 80 个工作团队的 325 名员工进行问卷调查，他们发现，员工的尽责性和道德反思与员工绿色行为之间存在正向的关系。具体而言，尽责性更高的员工更倾向于反思环境恶化的道德影响，这种更高程度的道德反思继而促使员工参与更多的绿色行为。

（2）环保态度。环保态度是指个体对环境问题和环境保护的关注程度。具体而言，环保态度较高的人具有更强的保护环境的意识，更容易为环境问题感到担忧或生气，也更关注应当如何解决环境问题等，因此更倾向于采取措施保护环境，实施绿色环保行为。Bissing-Olson 等（2013）基于 15 个条目的量表对员工的亲环境态度进行了调研,结果证实了员工的环保态度对员工在工作场所的绿色行为有积极影响。

(3)年龄。年龄更大的员工在工作中相对参与更多的绿色行为。Wiernik等(2016)的研究基于来自11个国家22个样本的4676名在职员工的数据,证实了年龄与员工绿色行为之间确实存在着不强烈但积极的关系。具体而言,来自不同国家的样本普遍表明,更年长的员工更有可能采取节约行为,花更多的精力来避免工作场所中破坏环境的举动,并更加倾向于鼓励和促进同事参与绿色行为。

(4)积极情绪。情绪是影响个体实施绿色行为的一个重要因素,员工的积极情绪在一定程度上可以促进员工的绿色行为。Bissing-Olson等(2013)研究了员工每日的积极情绪(未激活积极情绪和已激活积极情绪)与绿色行为(任务型绿色行为和主动型绿色行为)之间的关系。其中未激活的积极情绪是指满意、休闲和放松的感觉,已激活的积极情绪则包括兴奋、愉悦和激情。Bissing-Olson等采用日记法,对56名企业员工进行了连续10个工作日内每日两次的问卷调查,研究结果表明,当员工体验到未激活积极情绪(即放松、平静和满意)时,会更倾向以绿色环保的方式完成他们的当天的工作任务。因此,积极情绪会正向影响员工的绿色行为。

(5)工作满意度。工作满意度是指一个人的快乐状态,这源于个体对自身工作或工作体验的评价。当员工对其工作或工作体验感到满意时,会更愿意投身到组织中,为企业发展贡献自己的力量,因此,工作满意度能够促进员工在工作中实施绿色行为。基于此,Kim(2018)等研究了工作满意度与员工绿色行为以及后续工作满意度之间的关系。他们通过对来自55个工作团队的问卷数据进行分析,发现了员工的工作满意度与后续的员工绿色行为之间存在正相关关系。

所以,很明显不是每个员工都有同样的环保行为。不同员工参与绿色行为的程度会因多种个体因素而有所不同,这些因素中既包括员工相对稳定的性格特质(如尽责性)、年龄、环保态度和价值观等,也包括相对容易变动的积极情绪体验、工作满意度等。这些研究结果给企业管理者带来了一系列启示。比如,在选拔招聘过程中,企业应当尽量识别出具有上述个人特质或特点的求职者(如尽责性较高的、环保态度较高等环保意识较强的求职者)。此外,在日常管理实践中,企业应当通过采取各种管理方式提升员工的工作满意度和积极情绪体验,从而激发员工参与更多的绿色行为。

5.4　激励员工参与绿色行为,企业应该怎么做?

虽然员工绿色行为很大程度上是由员工个人决定的,但是,员工身为企业的一员,其工作行为也不可避免地受到企业环境的影响。基于个体-环境交互的观点,有学者指出,在工作中,员工绿色行为是员工个人因素和组织情境因素的共同影响的结果。因此,企业应当充分发挥自己的能动性,激励员工参与绿色行为。在这一小节,我们重点关注组织层面的几个重要因素(包括企业社会责任、企业的环保政策、绿色人力资源管理实践、环保氛围等)对员工绿色行为的影响。

(1)企业社会责任。企业社会责任是指企业所表现的对社区和环境等利益相关者负责任的企业活动,企业旨在通过这些做法提高利益相关者的福祉。企业积极参与社会责任活动会影响员工对组织的感知和评价,进而影响员工的工作态度与行为。Tian 等(2019)的研究表明,员工感知的企业社会责任水平会正向影响员工绿色行为。基于中国内地和澳门地区的 183 对领导-员工配对问卷数据,他们发现,当员工认为企业对社会和环境负责时,员工会对企业产生更高程度的认同感,从而参与到企业社会责任活动之中。他们还发现上述关系的强弱会随着员工个人的同理心程度高低而有所不同。同理心程度高的员工更倾向于感受到人为因素对自然环境的损害,并产生相应的环保态度和动机等,因而同理心也能够加强企业社会责任—组织认同—员工绿色行为这一关系。这一研究带给企业的启示是,积极履行企业社会责任能够激励员工参与更多绿色行为。

（2）环保政策。企业环保政策是企业制定的各项与环境可持续相关的策略和愿景，体现了企业对环境保护的承诺。当员工意识到企业具有一系列明确的环境保护政策时，会表现出更多的绿色行为，这是因为环保政策作为一种正式的信号，向员工表明了企业的环保立场和战略目标。Norton 等（2017）的研究通过对 74 名员工在连续 10 个工作日内进行每日调研发现，企业的环保政策对每日的员工绿色行为有着直接和间接的积极影响。具体而言，通过制定和发布一系列完善的企业环保政策，比如对企业环境绩效设置具体目标、在日常经营中使用环境管理系统、在购买决策中考虑环境因素、为员工提供环保培训项目等。企业向员工传递了积极的环保信号，因此，员工会更倾向于遵守和践行企业的环保政策，参与更多的绿色行为。

（3）绿色人力资源管理实践。人力资源管理领域的研究表明，招聘、培训、绩效管理和考核、薪酬福利等人力资源管理实践能够有效地影响员工的工作态度和行为。绿色人力资源管理实践则是将绿色环保的意识纳入到企业的战略之中，借助人力资源管理措施来促进企业环保目标的实现和环保绩效的提升，从而实现企业的可持续发展。通过对一家澳大利亚跨国企业的绿色人力资源管理实践及其 388 名员工的行为进行调研，Dumont 等（2016）发现绿色人力资源管理实践对员工绿色行为有正面影响。这一研究启示我们，企业可以通过将绿色环保因素纳入到选拔招聘、员工培训、绩效管理和考核、薪酬福利制度等人力资源管理实践中，从而促使员工积极参与绿色行为。

（4）环保氛围。企业氛围与员工行为之间有着密切联系，在员工绿色行为研究领域，环保氛围这一特定的企业氛围日益受到关注。企业环保氛围是指企业实施的一系列绿色可持续发展政策和实践而形成的一种组织氛围，当企业拥有浓厚的环保氛围时，会向员工传递一种企业重视和支持环境保护、期待和鼓励环保行为的信号。因此，在环保氛围较强的企业，员工会据此形成相应的行为规范，这种规范能够正确和有效地指导员工的行动，促使员工实施绿色行为。Norton 等（2017）的研究发现，企业的环保氛围向员工传递了企业的环保态度和价值观，从而促进员工参与绿色行为，他们同时还指出，当企业的环保氛围更强时,员工更倾向于将自己的绿色行为意图转化为真正的绿色行为。再如,Dumont 等(2016)的研究也发现,企业绿色环保氛围能够促进员工参与任务型和主动型绿色行为。此外,环保氛围领域的相关研究指出,环保氛围的形成会受到其他企业环境因素的影响,比如,在绿色人力资源管理实践和环保政策更高的企业,员工感知到的环保氛围也更强,这也启示我们,各种企业情境因素不是割裂开来的,而是在一定程度上互相存在着联系。

总而言之,为了激励员工参与绿色行为,企业应当在日常管理中做出努力,通过积极承担企业社会责任、制定完善的环保政策、实行绿色人力资源管理以及营造良好的绿色环保氛围等方式支持环境保护,向员工传达一种企业重视环境问题、支持和鼓励绿色行为的积极信号,以激励员工实施更多的绿色行为,从而更好地实现企业的环保目标和履行环境责任。

5.5　环保的领导如何造就环保的员工?

在工作场所中,领导的一言一行都向员工传递着至关重要的信息,而这些信息对员工的工作态度和行为的影响是不容忽视的。具有模范带头作用的领导是下属学习和追随的对象,那么,在环境保护方面,当领导表现出对环保问题的重视、鼓励甚至积极践行绿色环保行为时,是否会为员工树立学习的榜样,激发员工参与更多的绿色行为呢?针对这个问题,本节着重介绍几个领导相关的关键因素(包括领导风格、领导行为等)对员工绿色行为的影响。

(1)绿色变革型领导。绿色变革型领导是变革型领导理论在企业绿色管理领域的延伸。绿色变革型领导包含环保影响力、环保智力激发、环保动机鼓舞和环保个性化关怀四个基本维度。Graves 等(2013)研究了绿色变革型领导与员工绿色行为之间的关系。以中国的 4 家全球化企业为样本,他们的研究指出,作为一种聚焦于企业绿色环保目标的领导风格,绿色变革型领导可以为企业建立一个绿色环保的愿景,带领成员为企业的绿色目标而奋斗,从而促进员工绿色行为的实施。近年来,以 Robertson 为代表的学者对绿色变革型领导进行了一系列更加深入的研究,他们发现,相比于传统的变革型领导,绿色变革型领导能够更加有效地预测员工绿色行为。此外,他们的研究还揭示了绿色变革型领导影响员工绿色行为的机制,即领导采用绿色变革型领导风格能够激发员工的环保热情,继而促使员工在工作中表现出更多的绿色行为。

(2)领导的绿色行为。社会学习理论指出,下属员工会追随和模仿上级领导的行为,基于此,学者提出了一个工作中的"涓滴模型",即通过学习和模仿的过程,领导的态度和行为会向下"涓滴"传递给员工,使员工也表现出同样的态度和行为。因此,当领导自己积极参与绿色行为时,员工也会相应表现出更多的绿色行为。基于 139 对领导-下属配对的调研数据,Robertson 和 Barling (2013)的研究发现,领导的绿色行为正向影响员工绿色行为。具体而言,领导的绿色行为通过激发员工的环保热情进而促进员工产生绿色行为。此外,Kim 等(2017)的研究也表明,领导的绿色行为不仅能够提高下属的绿色行为,还能够通过影响整个团队对环境保护的倡导性,间接激发团队成员的绿色行为。

(3)主管领导对环保的支持程度。在日常工作中,直接主管领导是与一线员工接触最频繁、交互最密切的领导,他们对环境保护的支持程度对员工行为具有直接的影响。Ramus 及其合作者的一系列研究强调了主管领导的环保支持行为对激励员工参与绿色行为的重要性。他们指出,虽然越来越多追求绿色环保的企业开始制定正式的环保政策,但是这些企业中有很大一部分只将环保政策停留在了书面上,因为作为企业代理人和政策执行者的主管领导并未在日常管理中表现出对环保活动的支持行为。这种现象导致员工参与绿色行为的积极性不足,企业的环保政策无法真正对员工产生预期的积极影响,最终沦为纸上谈兵。相反,在领导对环保支持程度较高的企业,员工参与绿色环保行为的程度也更高。此外,基于法国 531 名员工的样本,Raineri 和 Paillé (2016)的研究表明,当主管领导对环境保护活动的支持程度高时,员工会表现出更高的对环境保护的承诺以及参与更多的绿色行为。

(4)其他领导风格(如责任型领导、伦理型领导、精神型领导等)。除了绿色变革型领导外,现有研究发现,一些其他类型的领导风格也能够促进员工绿色行为。首先,责任型领导具有关注利益相关者诉求、平衡企业与大自然的利益、向员工推行符合绿色原则的管理实践等特点,因此能够促进员工表现出更多的绿色行为。在一项发表于 2018 年的研究中,研究者基于问卷调研数据证实了责任型领导行为能够促进员工参与绿色行为。第二,伦理型领导在日常管理中展现出更加符合伦理道德的行为与领导方式,从而为员工树立了一个道德榜样,这会促进员工模仿学习,提升自己的道德水平与绿色意识,继而激发员工参与更多的绿色环保行为,这一观点也被一些学者的研究所证实。第三,Afsar 等学者的研究表明,精神型领导能够向员工传递一种公平、美好的价值观,并对员工表现出来自领导的关爱,从而激发员工的内在动机与环保激情,最终促进员工表现出绿色行为。

所以,我们可以发现,环保的领导的确能够造就环保的员工。作为组织层级中与基层员工在日常工作中接触和交互最频繁、最深入的人,直接主管领导对员工态度和行为的影响远比企业本身和最高决策者更直接也更广泛。对于员工而言,领导的言行举止和正式的组织规章制度同样重要,领导的行为和风格对员工绿色行为起着至关重要的作用。因此,在日常管理实践中,领导者可以通过采取一些积极的领导风格,如绿色变革型领导、责任型领导、伦理型领导和精神型领导,以身作则、身体力行地参与绿色环保行为,以及大力支持环境保护活动等方式,支持和鼓励员工参与绿色行为。总而言之,领导者应当充分意识到并努力发挥自己的影响力以激励员工参与更多的绿色行为,从而提升整个企业的环保绩效,使企业更好地履行商业伦理和环境保护责任。

5.6　空气污染有哪些令人意想不到的影响?

近年来,空气污染这一尤为严重的环境问题日益引起人们的关注。联合国等组织已于 2014 年将空气污染问题视为对全球健康的严重威胁。

目前,学术界对空气污染问题的研究主要集中在空气污染对预期寿命、儿童健康、心肺疾病和痴呆症等人类健康方面的影响。在商业领域,空气污染又会有哪些令人意想不到的影响呢?迄今为止,鲜有研究关注空气污染是如何影响组织员工的行为表现及金融市场的,对此,下面几项最新的研究为我们提供了启示。

(1)空气污染与员工工作行为表现。在一项 2017 年发表的研究中,华盛顿大学的 Ryan Fehr 及其合作者探究了员工对空气污染严重程度的评估对其个人日常的组织公民行为和反生产工作行为的影响,并揭示了其中的作用机制。研究者收集了 155 名中国城市员工在 10 个连续工作日内的数据,并控制了参与者的年龄、性别等基本人口统计信息,负面情绪以及客观空气污染数据,在此基础上,研究者分析了员工评估的空气污染水平与其个人的自我控制资源及后续的组织公民行为(比如帮助同事、积极建言献策等)和反生产工作行为(比如迟到早退、消极怠工等)之间的关系。研究结果表明,员工每天的空气污染评估损耗了员工的自我控制资源,这种资源损耗进而影响员工的工作行为表现,导致员工的组织公民行为减少、反生产工作行为增加。此外,结果还发现,空气污染评估对员工的上述影响会因员工的自我控制能力这一特质而异:相比于自我控制能力较弱的员工,自我控制能力强的员工的自我控制资源及后续工作行为受空气污染负面影响的程度更小。这一研究提醒企业管理者,空气污染会通过影响员工的工作行为表现而对企业造成意想不到的损失。

此外,Gong 等(2020)学者研究了空气污染如何影响员工的不道德行为。他们提出了一个解释空气污染对员工不道德行为影响的理论模型,即实际的空气污染水平是间接地、通过影响员工心理感知而对员工行为产生影响的。基于客观的空气污染指数(AQI)数据和针对中国员工的问卷调查数据,他们发现,实际的空气污染水平通过影响员工心理上感知到的空气污染水平,继而引发员工的焦虑状态,最终导致员工表现出更多的不道德行为。此外,研究者还发现,相对于晴天时,在多云阴天,相同的实际空气污染程度会被员工在心理上认知为更加严重,从而对员工的焦虑状态和不道德行为产生更强的影响。

这一研究启示我们,空气污染的确会使员工更加不道德,而且这种影响更多的是心理上的,是通过影响员工感知发生的。

(2)空气污染与股票市场表现。空气污染不仅会使员工更加不道德,表现出更多地反生产工作行为和更少的组织公民行为,还会对金融市场的效率产生负面影响。根据一项 2017 年在《哈佛商业评论》报道的研究,渥太华大学经济学教授 Anthony Heyes 及其同事发现空气重度污染与股市低迷有关。他们用标普 500 指数的每日数据和华尔街附近某环保局测出的空气质量数据进行了比较,结果表明空气质量对股市影响很大——空气质量每下降一个标准差,股市回报就减少 12%。比如,把纽约的 100 个交易日按照空气质量降序排列,排在第 75 位的那天,标普 500 表现要比第 25 位的那天差 15%。Heyes 等人还用同样的方法分析了纽约证券交易所和纳斯达克数据,发现了同样的影响。他们的结论是:空气污染导致股价下跌。具体而言,空气污染对股市回报的负面影响通过两种机制产生:其一,身处污浊的空气中,哪怕只是一天,也会影响人的情绪状态——空气状况恶劣会使人情绪低落,人的认知能力、感知能力和思考能力也都会受到负面影响。其二,坏心情和较低的认知能力让人更加不愿意冒险,人的风险容忍度降低从而导致更低的回报。

我们可以发现,空气质量对很多东西都有影响。人类对于自身所处的环境非常敏感,比自己想象的要敏感得多,而破坏环境、污染空气的影响也远远比我们想象的更大。因此,为了改善员工的工作行为表现、保证企业绩效和股票市场效率,保护环境尤其是空气是至关重要的。空气污染是一个社会问题,与每个人息息相关,我们应当为能够呼吸到一口新鲜空气而共同努力。

5.7　参与环境保护一定能为企业带来嘉奖吗?

当前,随着社会各界对商业伦理和环境保护的日益关注,越来越多的企业开始进行形象公关,通过标榜自己对环境保护的重视以寻求外界对企业和品牌的认可和嘉奖。然而,很多企业所宣称的绿色环保理念与其实际行动却相距甚远,这种宣称保护环境而实际上却反其道而行的现象被称为"漂绿"(greenwashing)。

"漂绿"是指企业的虚假环保宣传和粉饰行为,最早于 1986 年由美国学者 JayWesterveld 提出。漂绿行为兴起于 20 世纪 90 年代,当时在美国等西方国家,一些企业受到绿色消费运动的影响开始进行漂绿以迎合消费者。近年来,出于追逐正面社会效应、降低融资成本、迎合消费者的绿色消费偏好等目的,兼之信息不对称和惩罚力度不足等外部原因,越来越多的企业给自己贴上绿色环保的标签,但实际上并未真正做到绿色环保,漂绿开始成为一种普遍的现象。

近年来,企业漂绿现象愈演愈烈,引发了管理者和学者的广泛关注。2009年,《南方周末》首次将漂绿概念带入了我国公众的视野,并发布中国企业漂绿年度排行榜来反映我国企业漂绿的现象。根据 Lyon 和 Montgomery(2015)的研究,漂绿的主要表现形式包括选择性信息披露、空头声明和政策、可疑的认证和标签、与非政府组织的虚假合作、无效的公益项目、误导性语言和误导性图像等。在实践中,漂绿的企业往往会采取夸大宣传、含糊其辞、偷换概念等方式使消费者等利益相关者误以为自己是"绿色企业"或生产的是"绿色产品",甚至以虚假绿色宣传、欺骗等方式有意误导和欺骗利益相关者。比如,某汽车公司曾发起一场名为"为树木争权利"的营销活动,同时为公司研发的"创驰蓝天技术"贴上了环境友好的标签,但实际上该公司并未兑现其环保承诺,因此引起了消费者的强烈抗议。再如,某矿业一直宣称"要金山银山,更要绿水青山",强调自己对可持续发展和环境保护的关注,但是在 2010 年 7 月,该企业却发生严重的污水泄漏事故,污染当地河流,并由此引发福建和广东两省的生态危机,该事件严重损害了企业形象和声誉。

上面介绍的例子让我们意识到,树立一个绿色环保的"人设"并不一定会为企业带来嘉奖和赞许。这是因为,如果公众认识到企业在进行漂绿,企业反而会为自己的虚伪付出巨大的代价。现有研究表明,漂绿行为对企业的影响主要体现在影响企业声誉、财务绩效和股票表现等方面。第一,声誉是一家企业宝贵的无形资产,漂绿行为会使消费者等利益相关者对企业做出负面的评估和认知,从而对企业的声誉产生不利影响。比如,消费者会对漂绿企业参与环境保护活动的动机产生怀疑,对该品牌产生不信任感,进而减少其持续购买行为。第二,漂绿行为会损害企业的财务绩效。Walker 和 Wan(2012)对加拿大存在严重污染情况的企业进行了调查,结果发现,企业漂绿行为以及象征性的环境保护活动对企业的财务绩效有负面影响。第三,漂绿行为还会挫败投资者的积极性,影响企业的股票表现,从而损害企业的价值。

　　总而言之,在积极参与绿色环保活动的过程中,企业应当意识到,仅仅塑造出一个热衷环保的形象是不够的,更重要的是要保证言行一致地开展环境保护活动,避免出现说一套做一套的漂绿行为。否则,漂绿行为会导致利益相关者对企业产生负面的看法和态度,对企业声誉和形象造成不利影响,甚至使企业付出高额的经济成本。因此,企业在履行环境责任时,需要时刻谨记,投机取巧的结果最终只能是事与愿违。

第6章 商业伦理与资本市场

你也许认为企业履行社会责任是应尽的义务,是为了在激烈的市场竞争中维持声誉的"宣传费用",是一笔有去无回的成本,其实它能为企业创造巨大利润。

6.1 为什么越来越多的企业选择披露企业社会责任报告?

企业披露社会责任报告能带来哪些好处? 自愿披露、应规披露会有不同吗?

随着社会经济的发展,企业社会责任已经成为企业不可回避的问题,市场和法规也对企业社会责任信息披露有了新的要求。我国监管机构陆续发布相关指引,从披露内容、披露形式等方面提出明确要求,鼓励和倡导上市公司积极履行社会责任。2006 年,深交所发布了《上市公司社会责任指引》,作为一项企业自愿遵循的"常规建议"规定,开启了交易所指导上市企业信息披露之路;2018 年,证监会发布了《上市公司治理准则》,它要求:"上市公司应当积极履行社会责任,形成良好公司治理实践。保持公司持续发展、提升经营业绩、保障股东利益的同时,应当在社区福利、救灾助困、公益事业等方面,积极履行社会责任。"

越来越多的上市企业开始主动承担社会责任,根据 Wind 资讯,截至 2019 年末,共有 950 家 A 股上市公司发布了 971 份 2018 年度社会责任相关信息的披露报告,占总上市公司的 1/4 左右,比 2018 年发布数量增长了 8.37%。自 2006年至 2019 年末,我国 A 股上市公司社会责任相关信息的披露报告数量累计 7061 份。其中以社会责任报告(CSR)形式发布的数量占比最大,达到 94.47%。

为什么监管机构要鼓励企业披露 CSR 报告?为什么越来越多的企业披露 CSR 报告?它能带来哪些好处呢?

国内的炒股人可能都经历过 A 股的暴涨暴跌,从 2015 年 6 月到 10 月份,不到 4 个月时间里,A 股市场 1755 家上市公司的股价跌幅均超过了 50%,甚至还出现了 16 次千股跌停。千股涨停、千股跌停、千股停牌、千股涨停到跌停、千股跌停到涨停等现象往返出现,形成了中国 A 股市场的独特奇观。这种“暴涨暴跌”现象显然不利于中国金融市场的健康发展,针对如何缓解这种股价崩盘风险,2017 年,来自暨南大学的宋献中、胡珺和中南财经政法大学的李四海在《金融研究》上发表了一项研究,他们发现社会责任信息披露与未来股价崩盘风险有显著负相关,说明企业披露社会责任信息降低了未来股价崩盘的风险。研究者从两个方面解释了原因:第一,CSR 披露的“信息效应”。企业社会责任报告等更多的非财务信息披露,有助于缓解内部人信息优势可能导致的代理问题,如内幕交易、税收转移以及盈余操纵等,对管理层的选择性信息披露和负面信息管理具有一定的抑制作用。从投资者的角度而言,更多非财务信息的披露,可以让外部投资者从侧面了解企业的财务健康程度,以实施更为合理明智的投资决策,使得股价体现的企业经营信息更加真实有效,避免股价虚高、泡沫等现象。第二,CSR 披露的“声誉保险效应”。企业社会责任信息披露有关如消费需求、产品质量、企业财务状况和环境绩效等信息,向利益相关者发出一个企业非完全自利的信号,从而有利于在利益相关者中形成了一个良好的企业公民形象。当这样的信号持续释放并被外部投资者有效接收时,企业可以不断积累这些积极归因,并形成声誉资本。这些声誉资本虽然不能为企业带来直接交易的益处和资本存量,但当企业面临负面事件冲击与威胁时,可以发挥类似保险的作用。例如,当企业自身爆发负面消息时,投资者也可能会将它归于管理者笨拙而非恶意,从而减轻对负面事件的反应。

现阶段我国社会责任信息披露存在强制和自愿两种形式,根据 2008 年底上交所和深交所发布的相关文件,公司治理板块样本股公司、金融类公司和发行外资股的公司、深证 100 指数样本股公司必须披露社会责任报告。2010 年国务院国资委规定所有中央企业都要披露企业社会责任报告。对于其他类上市公司,证监会鼓励自愿披露社会责任报告。这两种披露方式对于缓解股价崩盘风险效果一样吗?研究者把样本分为了两组:第一组仅包括自愿披露和没有披露社会责任信息的上市公司样本;第二组仅包括强制披露和没有披露社会责任信息的上市公司样本。通过回归分析,他们发现两组 CSR 的估计系数都显著为负,说明无论强制还是自愿披露社会责任信息都降低了股价崩盘风险。但自愿披露组 CSR 估计系数显著小于强制披露组,表明自愿披露社会责任信息对股价崩盘风险的降低程度更强。

然而强制性披露 CSR 报告不总是给企业带来好的财务效益,2017 年发表在《会计经济杂志》(*Journal of Accounting and Economics*)上的一项研究发现强制性 CSR 信息披露后该公司将会经历公司绩效的下降。具体表现在 ROA 以及 ROE 比率的下降。这是因为强制性披露 CSR 报告实际上是一项政治要求,同时强制披露使得企业透明度增大,受到更多公众关注和监督,来自政府和社会的双重压力使得企业增大社会责任支出,这种支出是以企业的绩效为代价的。

未来政府和社会对于企业社会责任的要求、对社会责任信息披露的要求会不断提高,把社会责任当成战略融入企业文化,才能更好地享受到它的回报。

6.2　影响力投资是什么？企业为何越来越看重影响力投资？

只有把社会问题变成有利可图的商业机会时，社会问题才能得到根本解决。

————彼得·德鲁克

"如果你光有财富，你光是股东利益，可能你就是土豪了，现在的观点是既要有经济效益，也要有社会价值"，原招商银行行长兼 CEO 马蔚华在 CSR 年度盛典上说道。在大众的观念中，天性逐利的资本和道德公益常常是鱼与熊掌难以兼得。很多管理者会思考这样一个问题：怎样确保承担社会责任的同时还能盈利呢？然而最近兴起的影响力投资确实能兼顾公益与利益。

影响力投资作为一种新的投资方式开始在中国发展。它是指在追求一定的财务回报外，在社会影响力方面也有量化的回报指标，是一种义利并举，公益与商业相融合的投资方式。社会影响力，包括对扶贫、环保，对解决社会种种问题的贡献，这种贡献是可以量化的。例如，星巴克公司刚提出要节水25％，股票市值翻了一倍，说明社会也期待着这样一种义利并行的经营方式。

结合我国发展实际情况与政府发展理念，不难看出影响力投资潜力巨大。中国有个社会价值投资联盟，他们从沪深 300 的股票中，按照影响力投资的标准选择出 99 只股票，叫 99 义利指数。他们发现，过去六年，收益曲线的回报率不仅跑赢了沪深 300，而且跑赢了上证 50 等中国所有指数。说明在中国资本市场也有很强烈的资本向善的趋势。

越来越多的企业已经意识到影响力投资的重要作用。它能给企业带来哪些好处呢？

我们都知道现金流是企业维持正常运营发展壮大不可缺少的一部分，企业可以通过筹资、融资来获得充足的现金流，而筹资最常见的方式就是向银行贷款了。设想一下，你是企业的 CEO 或者 CFO，现在公司要开展一个很有前景的项目，但是公司的现金流不够，需要向银行贷款，为了更加快速且低成本地获得贷款，你会强调公司的盈利能力、信用等级以及还款能力，同时企业的社会绩效和环境绩效在申请银行贷款时也很重要。

2003 年 6 月，花旗银行、巴克莱银行、荷兰银行和西德意志州立银行等 10 家国际领先银行（分属 7 个国家）宣布实行赤道原则（Equator Principles）。截至 2017 年底，来自 37 个国家的 92 家金融机构采纳了赤道原则，它用来协助银行及投资者了解应该如何加入世界上主要的发展计划，对它们进行融资。赤道原则第 2、第 3 条规定了对项目的环境评估要求，包括环境影响评估、社会影响评估和健康影响评估以及更深层次的要求，同时规定环境评估要说明遵守东道国现行的法律、法规和项目要求的许可以及世界银行和国际金融公司预防和减少污染指南。从赤道原则的内容里不难看出银行在考虑对企业是否借款时，也会看重企业的环境绩效。

2013 年，以加拿大圣玛丽大学的 N. Attig 和阿尔伯塔大学的 S. El Ghoul 为主的学者在《商业伦理杂志》（*Journal of Business Ethics*）上发表了一项研究。他们通过对 1585 家独立公司 1991—2010 年十年的 CSR 投资数据企业信用评级数据进行分析，发现信用评级机构倾向于给予社会绩效较好的公司相对较高的评级。这两者之间的关系可以通过三种渠道来解释：第一，以往有研究发现企业进行社会责任活动能有效提高与消费者、员工、供应商和监管者等关键利益相关者的关系，与利益相关者们良好的关系使得企业在激烈的市场竞争中处于优势地位，从而增加它的可持续发展能力。因此，信用评级机构会认为长期可持续发展的能力能减少企业违约风险，从而给予企业更高的信用评级。第二，根据信号理论，企业社会责任活动能给外部投资者发出这样一种信号，其内部资源是可用的并且有效配置，减少外部利益相关者感知到的财务风险。第三，根据以往的研究，更少进行企业社会责任活动的企业表现出更高的违规风险。因此，研究者认为企业社会责任活动是对社会不负责任行为可能导致的巨大成本的保险。这种担保作用能在信用机构评级时为企业赋予更高的评级。企业的信用评级是银行放贷时考虑的重要因素,企业社会责任活动不仅通过影响信用评级间接影响银行的放贷决策,最近的一项研究发现,企业的环境绩效更是直接影响企业银行贷款成本。2019 年,以来自中国台湾元智大学的 Iftekhar Hasan 为首的学者进行了一项研究,他们发现环境绩效越不好的公司,银行贷款息差越高,被要求的还款期限越短。

前面已经说到,许多全球性银行已采取赤道原则,将社会和环境问题纳入投资项目的考虑范围。众所周知,大部分银行的资金来自银行存款,银行在创造利润的同时也有义务最小化贷款的潜在风险。银行作为金融机构,相比其他外部投资者,有更多的渠道获取公司内部的信息,大大减少了信息不对称的可能性,也大大降低了贷款风险。例如,有关化学污染物排放的资料企业一般不会公开,但在银行进行贷款前审查及监察活动后,银行便可透过潜在借款人取得有关资料。考虑到企业化学物排放所带来的风险,如相关监管处罚、排污成本以及贷款给重污染企业所面临的对银行公众形象及声誉的影响(毕竟环境污染与社区居民的生活质量息息相关),为了减少潜在的违约风险,对于这类公司,银行更可能提高贷款利率。

总而言之,不管是前面提到的义利指数的高额回报率还是银行放贷时对企业社会绩效的考虑,它都向社会揭示,你只有义利兼顾,才能既享受资本市场的追捧又受到金融机构的优待。

6.3　企业做善事可以增加股东财富吗?

2018 年,北京理工大学的会计学教授 Zhi-Yuan Feng 和戴顿大学的 Carl R. Chen 在《银行与金融杂志》(*Journal of Banking & Finance*)上发表了一项研究,他们对企业股权再融资战略的收益进行研究发现,积极参与 CSR 活动的企业,在面临股权再融资时能获得更高的收益。CSR 评级较高的发行公司通过降低内外部投资者之间的信息不对称来增加股东财富。这其中包括两个方面的原因:第一,根据利益相关者理论,经理层在制定决策时应该考虑利益相关者的利益,因为如果忽视了利益相关者的利益,公司价值无法最大化。而 CSR 战略能有效提高与消费者、投资者、供应商和监管者等关键利益相关者的关系,为企业创造财富。第二,根据伦理理论,公司或经理层有动机遵守更高的行为标准,因为这种行为有利于公司。因此,如果经理层在伦理理论的背景下投资 CSR,市场倾向于认为他们将提供更加透明的财务报告,从而缓解公司内外部投资者之间的信息不对称,因为股权再融资(SEO)抑价的程度可以归因于发行人和外部投资者之间的信息不对称程度,当股权再融资公司有越多的 CSR 活动,信息不对称对 SEO 抑价的影响越弱。CSR 活动通过提高股权再融资的收益来增加股东财富。

CSR 战略对股东财富的影响不仅仅通过股权再融资实现,早在 2013 年发表在《经济金融杂志》(*Journal of Financial Economics*)上的一项研究发现,当企业实施并购战略时,有 CSR 感知的企业能够获得更高的异常回报。

我们已经知道,CSR 行为在公司实施特定战略时能够提高股东财富,对于中国这种多层次的资本市场来说,在不同层次的资本市场中,投资者具有不同的偏好和理性程度,是不是所有投资者都青睐企业社会责任行为呢?

基于上述问题,中国学者已经展开了系列研究,他们认为企业社会责任与其价值及投资者业绩预期具有短期负相关、长期正相关的关系。中国社科院金融研究所发布的《中国上市公司质量报告(2014—2015)》也显示,短期投资者更倾向于认为社会责任是一种有损企业价值的信号,而长期投资者则更愿意投资那些社会责任表现良好的企业。

为什么对于同一个特定的社会责任信息披露,投资者们会做出不同的反应呢? 2019 年,来自东南大学的王诗雨、汪官镇以及陈志斌对此展开了研究,并将研究发表于《南开管理评论》上。他们通过分析 2010—2016 年中国主板、中小企业板和创业板 A 股上市公司数据,以股票的累计异常收益作为投资者响应的观察标的,研究了投资者对企业社会责任披露响应的偏好差异现象。他们发现:主板投资者对其投资企业所披露的社会责任信息持有更加积极的态度,反映在公司股票上将形成正的累积异常收益。而中小企业-创业板投资者在企业社会责任披露时反应不足。这其中有两个方面的原因：一方面，中小企业-创业板投资者本身可能不够成熟，他们不能判断承担社会责任对于一个企业而言是否一种价值增值行为；另一方面，由于中小企业-创业板公司多是较年轻的、小规模的民营企业，在企业的这个发展阶段，社会责任承担行为会给公司价值带来何种影响，本身是尚不清晰的。而主板投资者更倾向于长期持有股票，看中企业长期的发展趋势，企业社会责任这种从长期看能帮助改善企业形象，提高 CEO 声誉的投资，更受他们的喜爱。

中国社会科学院金融研究所 2014—2016 年调查显示，主板上市公司社会责任表现指数从 7.27 增长到 38.02，中小企业板从 4.58 增长到 39.56。值得注意的是，在强制披露社会责任的名单之外，选择自愿披露社会责任信息的主板、中小企业板、创业板上市公司数量超过了上市公司总数的 1/3。越来越多的企业选择披露自身的社会责任信息，根本原因在于这类特定信息向投资者传递了积极信号。对于不同的社会责任报告披露的详细程度，投资者又会怎样反应呢？

研究者对这一问题也做出了回答，在揭示研究结果之前，我们先来了解两个概念。

(1)贝叶斯投资者：在完美资本市场中，投资者的所有策略选择均应符合贝叶斯规则，即完全依据自己所掌握的信息作出理性的决策，决策时不存在信息缺失与认知偏差，我们称之为贝叶斯投资者。

(2)启发式投资者：在中国资本市场中投资者并不总是依据贝叶斯规则做决策，他们的策略选择有反应不足或反应过度。他们的行为并不完全由其所掌握的信息决定，而是很大程度上受到其认知水平和理性程度的影响，存在非理性行为。即便投资者获得的信息是一致的，但由于不同理性程度的投资者其信息解读和认知存在差异，投资者利用信息的方式和效率也会不同，这种差异会在资产定价过程中有所反映，此类投资者就是启发式投资者。

不同类型的投资者对于同一社会责任信息披露的响应速度存在差异，研究者运用累计异常收益的绝对值来观察投资者反应的强烈程度，发现主板投资者的行为符合贝叶斯规则,无论评价信息详细还是粗略,他们都能够对企业社会责任披露进行正确的评价和适当的响应;中小企业-创业板投资者是"反应不足的启发式投资者",他们并不能在详细的社会责任披露中获取更多的信息;相反,他们更能够对粗略的、简单的、指向性的社会责任披露做出响应。

因此,企业做善事可以增加股东财富,尤其是在企业未来有扩张计划时,更加可以考虑积极履行社会责任;而对于那些资本市场的上市公司,则可以根据自身定位有策略地披露社会责任报告。

6.4　有较高的 CSR 绩效的企业真的像它表现出的那样正直吗?

企业做善事真的能够表里如一吗?

瑞幸咖啡凭借其大规模的发展和受资本的喜爱,在 2018 年 12 月完成 B 轮 2 亿美元融资后估值 22 亿美元成为中国最年轻的"独角兽"企业之一,"做每个人都喝得起、喝得到的好咖啡"这句宣传标语吸引了多少年轻人为它消费。在疯狂扩张的同时它也积极履行社会责任,自成立以来一直积极参与公益事业,特别是贫困地区的公益事业,多次向云南省、内蒙古自治区等地的贫困县捐款助力脱贫。2019 年 12 月 5 日,在 2019 金融界领航中国年度评选颁奖盛典上,瑞幸咖啡荣获社会责任奖。可是就是这样一家兼具民族情怀和社会责任感的企业,在 2020 年 4 月被曝出 22 亿元人民币的巨额违规,作为消费者,你是不是感到不可置信,受到了欺骗?

这样的事情当然不是个例,早在 2001 年被爆出的"安然丑闻事件"在当时也是引发了热议,更是直接导致了《萨班斯-奥克斯利法案》的出台,安然公司在企业社会责任活动和投资方面非常活跃,比如维持社区关系,它是休斯敦地区最大的捐助者,并在其财务造假的那些年里获得了无数环境保护和社会项目奖项。这似乎与通常认为的企业社会责任是公司致力于道德行为的证据相矛盾。为什么瑞幸和安然公司会采取企业社会责任策略?这种策略在违规公司很常见吗?

西安交通大学的李星和香港城市大学的 Jeong-Bon Kim 及合作者对这一问题进行了探讨。通过对前人研究结论的整合,他们发现了两种不同的观点。

(1)企业社会责任作为一种战略工具。

"战略工具"假说的关键在于,以自我利益为中心的管理者采取社会责任活动是为了保持与关键利益相关者的良好关系,特别是那些能够接触到公司私人信息的人,如员工、客户和供应商,进而减少财务欺诈被揭发的可能性。此外,良好的公众形象可以减少外部人士对企业内部不道德意图的怀疑。因为外部人士认为,企业社会责任表现较好的企业不太可能从事不道德的行为。这些研究探讨了企业社会责任作为一种战略工具,对于管理与利益相关者关系和提升企业形象的有效性。从这个角度来看,相比没有进行违规的时期,企业违规的时候会采用提高企业社会责任绩效的方式避免违法行为被检测。

(2)企业社会责任作为一种道德义务。

与上述观点形成鲜明对比的是,另一种研究将企业社会责任视为企业对整个社会、特别是对自身利益相关者(如资本供应商、客户等)所承担的道德义务的一部分。在这种观点下,这种道德义务——企业责任——限制了企业参与诸如财务欺诈等不道德活动。Hoi 等人(2013)的研究发现,当企业更广泛地参与企业社会责任活动时,企业就会致力于打造一种做好事的文化。Gao 等人(2014)认为,企业对社会的承诺限制了公司内幕交易活动。

是不是觉得两种观点都很有道理? 为了弄清楚这两者之间的具体关系,研究者将 131 家被发现有违法行为的公司作为实验组,为了提高研究的可信度,采用倾向得分匹配法(propensity score matching method)对每一家实验组公司挑选出在其他相关控制变量(如公司规模、ROA 等)上最为接近的没有违法行为的控制组公司进行匹配,比较两组样本公司的企业社会责任得分。结果发现,相比没有违规的公司,违规企业在进行违规行为的期间会表现出更高的社会责任绩效。

我们已经知道违规的企业会在违规期间提高社会责任绩效,那么随着违规时间的持续,企业社会责任绩效会不会也随之提高呢?

持续时间较长的欺诈事件越严重、越恶劣,也更容易被发现。由于认识到这种较高的检测风险,企业有更大的动机采取 CSR 行为来粉饰自己。再者,较长的持续时间使公司能够在实施欺诈的同时,以更充分的时间和自由裁量权调整其企业社会责任活动。

为了证明这一猜测,研究者用从欺诈开始日期到欺诈结束日期的记录月数作为测量欺诈长度,用这一指标代替是否发生欺诈进行回归,所有违规公司发生违规的平均时间长度为 22 个月。结果显示,具有平均违规长度的违规公司的 CSR 得分将比对照组公司的得分高0.322,表明欺诈性持续时间较长的公司年度社会责任活动的增加将更加明显。

企业是否进行社会责任活动?是否提高社会责任绩效?已经不再简单地代表企业对社会的道德义务,更深层的可能是为了掩盖内部的违规行为作出的战略决策。当企业花费大量费用在 CSR 活动上时,企业内部监管人员可能要警惕,是否有别有用心的人在"遮丑"。

6.5　市场如何看待企业不道德的行为?

企业社会责任活动能帮助企业在危机事件中"起死回生",同样,不道德行为也能让企业市值瞬间崩塌。

2019 年 7 月 3 日,某上市公司的实际控制人、董事长王某因涉嫌猥亵儿童罪被刑事拘留。同一时间,集团旗下的港股上市 A 公司收盘大跌 23.86%,市值蒸发 149 亿港元;B 公司暴跌近 24%,市值蒸发近 17 亿港元。截至 7 月 8 日,该公司连续三日一字跌停,公司市值蒸发261.48亿元,其企业信用和公司形象也受到严重影响。

这种市场反应并不罕见,改革开放以来,经济飞速发展,人民的关注焦点早已不是自身的温饱问题,食品安全、环境保护、医疗卫生及贫困治理等民生问题越来越得到广泛的关注。同时随着信息技术高速发展,以微博、知乎、微信朋友圈为首的各类社交平台在信息传播的速度上可谓"一时千里",企业负面新闻一旦曝光,就能在各类社交平台迅速发酵,马上成为大大小小饭桌上的谈资。而资本市场的投资者们对信息更为敏感,获取信息的渠道更加广阔,能更快速地对负面事件做出反应。"长生生物假疫苗""红黄蓝幼儿园猥亵儿童"等不道德事件一经曝出,迅速引发了资本市场的巨大反应,也受到了监管部门轻则罚款,重则退市的处罚。

针对资本市场对企业社会责任负面事件的反应,学者们已经进行了一系列研究。2012 年,来自复旦大学的沈红波、谢月以及海通证券研究所的陈峥嵘在《中国工业经济》上发表了一项研究,他们选取 A 矿业环境污染事件进行案例分析。

事件的背景:A 矿业是以黄金及其他有色金属矿产资源勘查和开发为主的大型矿业集团。2010 年 7 月 3 日,A 矿业发生污水渗漏事故,污水池中含铜、硫酸根离子的酸性废水外渗,9100 立方米污水顺着排洪涵洞流入汀江,导致大量网箱养鱼死亡。10 月 8 日,A 矿业公告称收到《福建省环境保护厅行政处罚决定书》,针对汀江重大水污染事故,福建省环保厅决定对 A 矿业罚款956.31 万元人民币。2011 年 2 月 1 日,A 矿业收到福建省龙岩市新罗区人民法院刑事判决书,A 矿业犯重大环境污染事故罪,被判处罚金 3000 万元,原已缴纳的行政罚款 956.31 万元予以折抵。研究者对这一事件的几个关键时间节点前后 21 个交易日的超额收益和累计超额收益进行分析,发现上市公司环保绩效能够在一定程度上影响投资者决策,证券市场对于重大环境污染事故会做出显著的负面反应。

这是因为,作为典型的企业社会责任负面事件,当环境污染事故发生时,从短期来讲,罚款或者项目中止甚至取消势必会对企业财务绩效带来巨大损失;长期来看,负面环境事件通常意味着环境管理水平差,无法应对日渐严格的各项环保法规,丧失竞争优势,将来的财务绩效也必定受到影响,市场就会对这种公司重新定价。

　　市场会对企业社会责任负面事件作出负面反应,但你可能不知道的是,与行业性质相关的重大负面事件对于整个行业的公司都会带来负面影响。"三鹿奶粉事件"大家都不陌生,这一事件的曝光使得整个国内奶粉行业经历了严重的信任危机,妈妈们为了宝宝的健康,选择找代购购买更贵的国外奶粉,投资者们也降低对奶粉行业的市场预期,纷纷抛售股票。针对这类现象,2008年,来自厦门大学的肖华及其合作者在《会计研究》上发表了一项研究,他们以化工行业的 79 家 A 股公司为样本,探讨重大环境事故对相关行业的公司股价和环境信息披露行为的影响。他们发现,重大环境事件发生后,化工行业样本公司的股票累积超常收益率显著为负,样本公司后两年的环境信息披露相比前两年显著增加。

　　为什么会出现这种现象呢? 这是因为重大企业社会责任负面事件如食品安全问题、环境污染事故等会导致更严格的行业管制和更高的管制成本,通常表现为明显的溢出效应(spillover effect),使同行业其他企业在事件期也表现出负面的市场反应。可见,"城门失火,殃及池鱼"这句话也同样适用于资本市场。

　　所以说,不管是在产品市场、信用市场还是资本市场,道德负面事件都给企业带来了严重的不良影响,与其犯错后花大量的时间、金钱进行危机公关来挽回在投资者消费者心中的形象,何不将社会责任视为一种企业文化,一以贯之。

6.6　职场女性何时才能乘风破浪?

　　在职场上,女性的晋升之路困难重重,难道职场女性真的不如男性?

　　有多少向往独立自主的职场女性在企业招聘条件上看到"仅招男性""男性优先",又有多少女性在招聘面试时被问到是否结婚,有没有怀孕计划? 相信经历过上述问题的职场女性不在少数,而想要晋升成为一名女性领导更是难上加难。在职场为了晋升,女性被要求举止庄重,要有领导人的威严,但为了赢得好感,她们又需要保留女性的温柔、顺从的一面。福布斯一项报道称"研究表明自信的女人很容易被视为咄咄逼人;当她们去争取领导职位时,容易被贴上野心勃勃的标签",这种成见很难得到改观。

女性在能力和天赋上跟男性一样可以胜任领导的角色,但是就实际情况来看,女性可以摘取的高层管理者职位少之又少。在财富 1000 强中,仅有 4% 的首席执行官为女性,在中国只有 10% 的公司董事会成员包含女性董事。

不仅如此,女性在创业方面也面临更大的困难。女性可以成为优秀的创业者,这点不容置疑,但是相比男性,他们更难获得风险投资的支持。道琼斯风险资源 2012 年的一项分析显示,尽管相比没有成功的初创公司,大部分成功的初创公司拥有更多的女性高管,但这项研究 2 万多家样本公司中只有不到 7% 的高管为女性。可以看出,女性在获得风投公司认可上还有很长的路要走。虽然女性的职场晋升之路相比男性更加崎岖,但性别多元化在高管团队中却发挥着重要作用。

(1)女性成员越多,集体智商越高。

安妮塔·伍利、托马斯·马龙及其合作者们,对年龄在 18—60 岁的一组实验对象进行了智商测试,并将他们随机分成不同小组。每个小组都要完成指定任务,包括头脑风暴、制定决策以及视觉谜题,还要解决一个复杂问题。最后,研究者根据团队表现给团队的智商打分。结果发现,集体智商和成员智商间没有关联。那些成员智商较高的团队并未得到更高分数,而拥有更多女性成员的团队得分更高。由此可见,多样性有利于促进团队绩效,团队中应当有男有女,并且根据他们的研究数据表明,女性成员越多越好。

(2)"女性领导力"激发企业创新。

亚马逊每次的发布会和活动上,活跃在台前幕后的是清一色的女性团队。据亚马逊中国总裁张文翊表示,在亚马逊中国,经理及以上级别的女性比例已经超过 50%。在推动女性员工发展方面,他们做了很多工作,如经常安排一些女性领导力的分享会;为一些具有较高发展潜力的女性员工制定职业规划;招聘更多的技术女性,并设有专门的女性工程师委员会。女性及多元文化可以帮助企业在内部推动创新思维,亚马逊正是这一理念的受益者,美国商业杂志(*Fast Company*)将亚马逊评为 2017 全球最具创新力的公司。

有研究也证实了女性可以推动创新。美国国家女性及技术中心(NCWIT)的一项研究发现,男女比例较平衡的团队比单一性别的团队在 IT 专利技术上的贡献率要高 26%～42%。而来自美国一家非营利组织 Catalyst 的研究显示,管理层中保持性别平衡的公司,财务表现相对更为突出。相比之下,管理层拥有较多女性的公司的销售利润率至少高出 16%,资本投资回报率高出 26%。

为什么会有这样的结果呢? 女性与男性的思维不同,可以带来新鲜的视角以及独特的解决问题的方式,更易挖掘和满足客户群体的多元化需求,帮助企业打破固有思维,推陈出新。同时,女性更善于倾听并在团队间搭建桥梁,帮助组织构建积极的学习和创新气氛。此外,女性的加入还可以提升团队的集体智慧,推动团队的整体表现,提高企业经济效益。

(3)董事会性别多样化能减少违规。

我们已经知道了女性在促进团队绩效和创新上成效显著,还有研究表明公司董事会有女性成员能帮助减少违规行为。

2015 年,纽约大学的道格拉斯(Douglas Cumming)教授及其合作者在管理学顶级期刊《管理学术杂志》(*Academy of Management Journal*)上发表了一项研究,他们发现,女性董事的存在降低了公司发生欺诈行为的严重程度。

研究者对中国 1484 家上市公司 2001—2010 年的数据进行分析,这些公司的平均女性董事占比为 14%。他们将样本分为两组,实验组是 742 家发生了欺诈行为的公司,控制组是 742 家与实验组公司在行业、公司规模方面最为接近的非欺诈公司,数据显示:舞弊样本公司集团的女性董事比例(10.59%)低于非舞弊控制公司集团(16.58%)。他们还发现,在男性占主导地位的行业中,如电子信息技术等,女性的影响更大,在对减少违规频率和严重程度方面都有帮助。

近些年,尽管中国在性别多元化的方面已经取得了长足的进步,但女性高管、女性董事比例相比男性仍然太少。职场晋升的性别平等还有很长的路要走。风投公司、猎头、企业的董事高管层应该意识到女性领导的巨大潜力。

6.7　企业如何实现 CSR 战略的"最佳差异"?

"千篇一律"还是"特立独行"?

证券市场上投资者可以通过资产组合实现最优投资,研究表明,企业 CSR 战略也可以实现"最优解"。

生活中我们常常追求最优选择,解数学题要得到"最优解"、填报志愿时要选择该分数段最好的学校专业。对于企业来说,它的目标是追求公司价值最大化。但长期以来,企业一直面临着一个核心悖论:它既要在制度上遵从合法性,又要在战略上突出差异化。如何在制度和战略的双重压力下找到一个平衡点,在维持合法性的同时打造独特或差异化身份来为企业获得竞争优势,这一直是管理者需要解决的问题。例如,中国的火锅品牌那么多,如何在火锅市场脱颖而出呢? 海底捞选择了用最贴心的服务来打造自己的竞争优势。

对于企业 CSR 战略来说,也是这样。差异化的企业社会责任活动可以帮助企业获得与知识和组织文化相关的新资源和发展能力,并加强与关键利益相关者的关系,加强自身的竞争地位,从而给社会和自身带来利益。法律法规也为企业 CSR 战略的实施提出了要求,中国在 20 世纪 90 年代末引入了企业社会责任制度。2006 年,深圳证券交易所发布了第一个详细的社会责任报告指南,该指南要求其上市公司按照一个全面的框架进行社会实践。上海证券交易所和国家国有企业最高监管机构随后采取了类似的监管方针(国资委,2008 年)。与此同时,一些第三方评级机构,如润菱,也公布了企业社会责任评级,并在一系列问题领域系统比较企业的社会责任实践。虽然中国政府机构为企业提供了广泛的企业社会责任指南,明确了企业社会责任行为的范围,但没有规定不同问题领域的标准或优先事项。这也为企业提供了机会,在遵循法律的同时能根据其自身独特的特点来区分企业社会责任活动。CSR 战略的和而不同能怎样影响投资者的反应?

对此,来自北京大学的张彦龙和新加坡管理大学的王鹤丽等人进行了研究,这项研究发表在管理学顶级期刊《学术管理杂志》(*Academy of Management Journal*)上,他们将 CSR 战略划分为两个维度:①范围维度反映了企业所涵盖的不同企业社会责任领域的数量,如环境保护、劳动实践、产品质量和安全,以及公平经营实践等;②重点维度反映了一个企业具体的社会责任活动的内容,或者一个企业的社会责任侧重点偏离其他企业的共同模式的程度。它表明了企业社会责任实践相对于其同行群体的独特性。他们基于中国的制度背景,对上市公司进行研究发现,企业通过在 CSR 战略范围维度上的一致性能吸引分析师的关注,而在重点维度上的差异性能导致更好的分析师推荐和更高的市场价值,由此实现企业社会责任的最优差异。为什么会出现这种现象呢?

我们先来了解一下分析师的决策过程。根据以往的研究发现,分析人员通常使用的流程和策略是,在面对大量数据时,以最小的努力提取相关活动。他们的评价模型分为两个阶段:

第一阶段的目标,分析人员选择是否将该股票纳入关注范围,评估的标准是确定公司在某些领域的实践满足已建立的指导方针或约定的程度。就企业社会责任实践而言,即企业涉及广泛的社会问题的程度(如环境、员工健康和安全、产品质量和慈善事业),也就是前面提到的 CSR 战略的范围维度。在中国的背景下,国家和其他监管机构已经提供了具体的指导方针来指导 CSR 实践。这进一步加强了公司符合范围原型的程度,分析师以此为基础来确定其合法性。根据访谈和调查数据显示,大多数分析师会在报告中评估企业的社会责任活动,并考虑企业的社会表现。实地采访也表明,中国企业经常邀请证券分析师参加所谓的参访会议,在会上,经理们会介绍和解释他们的新项目和企业社会责任实践,以吸引分析师的注意。当然,主要影响分析师决策的还是企业的生存和经济表现的战略和运营情况,这里我们讨论的是除战略和运营之外的影响分析师决策的因素。

第二阶段的目标,在所有关注的股票中挑选具有独特价值的几支向投资者推荐。差异化程度较高的企业能够更好地向受众传达其能力和价值,使公司与同行区别开来。表现在 CSR 战略上,就是它的重点维度。正如一位中国分析师所言,在将企业社会责任因素纳入投资分析时,关键在于关注那些可能对企业商业模式的可持续性和股价表现产生实质性影响的独特因素。在中国,环境保护并不是金融业企业关注的焦点。然而,在 2003 年,国际金融公司和一些主要金融机构提出了赤道原则,该原则为项目融资的环境和社会风险管理提供了最低标准。2008 年,中国兴业银行成为中国第一家也是唯一一家采用"赤道原则"的银行。与中国其他银行解决的传统社会责任问题相比,兴业银行在这个一度被忽视的社会责任领域的独特社会责任实践,被视为行业向前迈出的重要一步,受到银行业高管和分析师的称赞。总之,企业社会责任实践的重点维度为证券分析师和一般市场提供了至关重要的证据,以达到他们对企业市场价值的评估。

所以说,企业社会责任活动也要做到"和而不同",才能在分析师的众多选择中脱颖而出,获得投资者和市场的青睐。

参考文献

[1]TREVIÑO L K,WEAVER G R,REYNOLDS S J. Behavioral ethics in organizations:a review[J]. Journal of Management,2006,32(6):951－990.

[2]MOORE C,GINO F. Ethically adrift:how others pull our moral compass from true North,and how we can fix it[J]. Research in Organizational Behavior,2013(33):53－77.

[3]TREVINO L K. Ethical decision making in organizations:a person-situation interactionist model[J]. Academy of Management Review,1986,11(3):601－617.

[4]GREENE J D,SOMMERVILLE R B,NYSTROM L E,et al. An fMRI investigation of emotional engagement in moral judgment[J]. Science,2001,293(5537):2105－2108.

[5]ZOLLO L,PELLEGRINI M M,CIAPPEI C. What sparks ethical decision making? the interplay between moral intuition and moral reasoning:lessons from the scholastic doctrine[J]. Journal of Business Ethics,2017,145(4):681－700.

[6]KOOPMAN J,LANAJ K,SCOTT B A. Integrating the bright and dark sides of OCB:a daily investigation of the benefits and costs of helping others[J]. Academy of Management Journal,2016,59(2):414－435.

[7]阳镇,尹西明,陈劲.新冠肺炎疫情背景下平台企业社会责任治理创新[J].管理学报,2020,17(10):1423－1432.

[8]MUMLEY W E. Organizational culture and ethical decision-making during major crises[J]. The Journal of Values-Based Leadership,2019,12(2):9.

[9]张景云,程瑜.北京老字号:"新冠"疫情中的"韧性"与坚守[J].公关世界,2020(5):58－61.

[10]贾明,向翼,张喆.企业社会责任与组织韧性[J].管理学季刊,2020,5(3):25－38.

[11]何洁,毛焱,梁滨,等.新冠肺炎疫情背景下企业社会责任对员工韧性的影响研究[J].中国人力资源开发,2020,37(8):35-47

[12]NG T W H,YAM K C,AGUINIS H. Employee perceptions of corporate social responsibility:effects on pride,embeddedness,and turnover[J]. Personnel Psychology,2019,72(1):107-137.

[13]WATKINS M B,REN R,UMPHRESS E E,et al. Compassion organizing:employees' satisfaction with corporate philanthropic disaster response and reduced job strain[J]. Journal of Occupational and Organizational Psychology,2015,88(2):436-458.

[14]吴波,李东进.伦理消费研究述评与展望[J].外国经济与管理,2014,36(3):20-28,47.

[15]KOUCHAKI M,JAMI A. Everything we do,you do:the licensing effect of prosocial marketing messages on consumer behavior[J]. Management Science,2018,64(1):102-111.

[16]黄苏萍,马姗子,刘军.霹雳手段还是菩萨心肠?刻板印象下企业家领导风格与产品质量感知关系的研究[J].管理世界,2019,35(9):101-115,194,199-200.

[17]CRAVENS K,OLIVER E G,RAMAMOORTI S. The reputation index:measuring and managing corporate reputation[J]. European Management Journal,2003,21(2):201-212.

[18]CHEN A,TREVIñO L K,HUMPHREY S E. Ethical champions,emotions,framing,and team ethical decision making[J]. Journal of Applied Psychology,2020,105(3):245.

[19]PARKS-LEDUC L,MULLIGAN L,RUTHERFORD M A. Can ethics be taught? examining the impact of distributed ethical training and individual characteristics on ethical decision making[J]. Academy of Management Learning & Education,2020,20(1):30-49.

[20]YANG Z,ZHANG H,KWAN H K,et al. Crossover effects of servant leadership and job social support on employee spouses:the mediating role of employee organization-based self-esteem[J]. Journal of Business Eth-

ics,2018,147(3):1－10.

[21]LU J,ZHANG Z,JIA M. Does servant leadership affect employees' emotional labor? a social information-processing perspective[J]. Journal of Business Ethics,2019,159(2):507－518.

[22]康勇军,彭坚. 累并快乐着:服务型领导的收益与代价——基于工作-家庭资源模型视角[J].心理学报,2019,51(2):227－237.

[23]BEDI A,ALPASLAN C M,GREEN S . A meta-analytic review of ethical leadership outcomes and moderators[J]. Journal of Business Ethics,2016,139(3):517－536.

[24]LIN S H,MA J,JOHNSON R E . When ethical leader behavior breaks bad:how ethical leader behavior can turn abusive via ego depletion and moral licensing[J]. J Appl Psychol,2016,101(6):815－830.

[25]ZHENG M X,YUAN Y,VAN DIJKE M,et al. The interactive effect of a leader's sense of uniqueness and sense of belongingness on followers' perceptions of leader authenticity[J]. Journal of Business Ethics, 2018 (164):515－533.

[26]QU Y E,DASBOROUGH M T,ZHOU M,et al. Should authentic leaders value power? a study of leaders' values and perceived value congruence [J]. Journal of Business Ethics,2019,156(4):1027－1044.

[27]SENDJAYA S,PEKERTI A,HAERTEL C,et al. Are authentic leaders always moral? the role of machiavellianism in the relationship between authentic leadership and morality[J]. Journal of Business Ethics,2016,133 (1):125－139.

[28]HOFSTEDE G,HOFSTEDE G J,MINKOV M. Cultures and organizations,software of the mind. intercultural cooperation and its importance for survival[J]. Southern Medical Journal,2010,13(3):219－222.

[29]HU J,ERDOGAN B,JIANG K,et al. Leader humility and team creativity:the role of team information sharing,psychological safety,and power distance. [J]. Journal of Applied Psychology,2018,103(3).

[30]LANAJ K,JOHNSON R E,LEE S M . Benefits of transformational be-

haviors for leaders:a daily investigation of leader behavior and need fulfillment[J]. Journal of Applied Psychology,2016,101(2):237 - 251.

[31]FISKES T. Controlling other people——the impact of power on stereotyping[J]. American Psychologist,1993,48(6):621 - 628.

[32]LIN S H,SCOTT B A,MATTA F K . The dark side of transformational leader behaviors for leaders themselves:a conservation of resources perspective[J]. The Academy of Management Journal,2018,62(5):1 - 59.

[33]蔡华俭,黄梓航,林莉,等. 半个多世纪来中国人的心理与行为变化:心理学视野下的研究[J]. 心理科学进展,2020,28(10):1599 - 1618.

[34]XIONG W,WANG T. Labor relations and new generation employees:subjective evaluation and implications for conflict management – an empirical analysis in China[J]. International Journal of Conflict Management,2018,29(5):591 - 616.

[35]赵宜萱. 工作特征与新生代员工幸福感关系[D]. 南京:南京大学,2016.

[36]ZHAO Y X. Managing Chinese millennial employees and their impact on human resource management transformation:an empirical study[J]. Asia Pacific Business Review,2018,24(4):472 - 489.

[37]胡国栋,张丽然. 儒家伦理与工作场所精神性:后工业社会工作的意义给赋[J]. 学术研究,2017(8):95 - 104,178.

[38]CARROLL A B. A three-dimensional conceptual model of corporate performance[J]. Academy of management review,1979,4(4):497 - 505.

[39]HARRISON J S,FREEMAN R E. Stakeholders,social responsibility,and performance:empirical evidence and theoretical perspectives[J]. Academy of management Journal,1999,42(5):479 - 485.

[40]SHEN J,BENSON J. When CSR is a social norm:how socially responsible human resource management affects employee work behavior[J]. Journal of Management,2016,42(6):1723 - 1746.

[41]STIJN B,BART C,NIELS G,et al. Is there less discrimination in occupations where recruitment is difficult[J]. ILR Review,2015,68(3):467 - 500.

[42]LECKCIVILIZE A,STRAUB A. Headscarf and job recruitment—lifting the veil of labour market discrimination[J]. IZA Journal of Labor Economics,2018,7(1):1 - 32.

[43]FLINT S W,CODREANU S C,GOMOIU A,et al. Obesity discrimination in the workplace:"you're hired!"[J]. Journal of European Psychology Students,2015 6(2):64 - 69.

[44]BESIEUX T, BAILLIEN E, VERBEKE A L,et al. What goes around comes around:the mediation of corporate social responsibility in the relationship between transformational leadership and employee engagement [J]. Economic and Industrial Democracy,2015(39):249 - 271.

[45]GAO Y, HE W. Corporate social responsibility and employee organizational citizenship behavior:the pivotal roles of ethical leadership and organizational justice[J]. Management Decision,2017,55(2):294 - 309.

[46]TOURIGNY L,HAN J,BABA V V,et al. Ethical leadership and corporate social responsibility in China:a multilevel study of their effects on trust and organizational citizenship behavior[J]. Journal of Business Ethics,2019,158(2):427 - 440.

[47]ANDERSON H J,BAUR J E,GRIFFITH J A,et al. What works for you may not work for(gen)me:limitations of present leadership theories for the new generation[J]. Leadership Quarterly,2017,28(1):245 - 260.

[48]ZIMMERMAN R D,SWIDER B W,BOSWELL W R. Synthesizing content models of employee turnover[J]. Human Resource Management,2018,58(1):99 - 114.

[49]NEJATI M,BROWN M E,SHAFAEI A,et al. Employees' perceptions of corporate social responsibility and ethical leadership:are they uniquely related to turnover intention[J]. Social Responsibility Journal,2020.

[50]LAM L W,LOI R,CHAN K W,et al. Voice more and stay longer:how ethical leaders influence employee voice and exit intentions[J]. Business Ethics Quarterly,2016,1(3):277 - 300.

[51]HAQUE A, FERNANDO M,CAPUTI P. The relationship between re-

sponsible leadership and organisational commitment and the mediating effect of employee turnover intentions：an empirical study with Australian employees[J]. Journal of Business Ethics,2019,156(3)：759 – 774.

[52]NIE D,LÄMSÄA M,PUCÊTAITÊ R. Effects of responsible human resource management practices on female employees' turnover intentions[J]. Business Ethics：A European Review,2017,27(1),29 – 41.

[53]迈尔·舍恩伯格,库克耶. 大数据时代[M]. 盛杨燕,周涛,译. 杭州：浙江人民出版社,2013.

[54]车品觉. 数据的本质[M]. 北京：北京联合出版公司,2017.

[55]HUSEYNOV F,SEVGI ÖZKAN Y. Online consumer typologies and their shopping behaviors in B2C e-commerce platforms[J]. SAGE Open,2019,9(2).

[56]焦娟妮,范钧. 顾客-企业社会价值共创研究述评与展望[J]. 外国经济与管理,2019(2)：72 – 83.

[5]WON-MOO H,HANNA K,HYUN K K. Does customer engagement in corporate social responsibility initiatives lead to customer citizenship behaviour? the mediating roles of customer-company identification and affective commitment[J]. Corporate Social Responsibility and Environmental Management,2018,25(6)：1258 – 1269.

[57]IGLESIAS O,STEFAN M,MEHDI B,et al. Co-creation：a key link between corporate social responsibility,customer trust,and customer loyalty[J]. Journal of Business Ethics,2020,163(1)：151 – 166.

[58]KIM B,JONATHON P S. Judging the environmental impact of green consumption：evidence of quantity insensitivity[J]. Journal of Environmental Psychology,2018(60)：122 – 127.

[59]LU L C,CHANG H H,CHANG A. Consumer personality and green buying intention：the mediate role of consumer ethical beliefs[J]. Journal of Business Ethics,2015,127(1)：205 – 219.

[60]SUN Y,WANG S Y,GAO L,et al. Unearthing the effects of personality traits on consumer's attitude and intention to buy green products[J].

Natural Hazards,2018,93(1):299 - 314.

[61]ZHI P,AUDHESH P. Consumers' legitimateand opportunistic product returnbehaviors in online shopping[J]. Journal of Electronic Commerce Research,2018,19(4):301 - 319.

[62]PUNJ G. Consumer intentions to falsify personal information online:unethical or justifiable[J]. Journal of Marketing Management,2017,33(15 - 16):1402 - 1412.

[63]吴水龙,白莹,袁永娜,等. 电子口碑的影响边界与作用机制研究[J]. 管理工程学报,2017,31(2):55 - 63.

[64]GRéGOIRE Y,RENAUD L,THOMAS M T,et al. What do online complainers want? an examination of the justice motivations and the moral implications of vigilante and reparation schemas[J]. Journal of Business Ethics,2019,160(1):167 - 188.

[65]包群,邵敏,杨大利. 环境管制抑制了污染排放吗? [J]. 经济研究,2013,48(12):42 - 54.

[66]BHATTACHARYA C B,SEN S. Doing better at doing good:when,why, and how consumers respond to corporate social initiatives[J]. California Management Review,2004,47(1):9 - 24.

[67]JACKSON S E,ONES D S,DILCHERT S. Managing human resources for environmental sustainability[M]. San Francisco,CA:Jossey-Bass,2012.

[68]侯楠,彭坚,杨皎平. 员工绿色行为的研究述评与未来展望[J]. 管理学报, 2019,16(10):1572 - 1580.

[69]RENWICK D W S,REDMAN T,MAGUIRE S . Green human resource management:a review and research agenda[J]. International Journal of Management Reviews,2013,15(1):1 - 14.

[70]KIM A,KIM Y,HAN K,et al. Multilevel influences on voluntary workplace green behavior:individual differences,leader behavior,and coworker advocacy[J]. Journal of Management,2017,43(5):1335 - 1358.

[71]BISSING-OLSON M J,IYER A,FIELDING K S,et al. Relationships between daily affect and pro-environmental behavior at work:the modera-

ting role of pro-environmental attitude[J]. Journal of Organizational Behavior,2013,34(2):156-175.

[72]WIERNIK B M,STEPHAN D,ONES D S. Age and employee green behaviors:a meta-analysis[J]. Frontiers in Psychology,2016(7):194.

[73]KIM A,KIM Y,HAN K. A cross level investigation on the linkage between job satisfaction and voluntary workplace green behavior[J]. Journal of Business Ethics,2019(159):1199-1214.

[74]TIAN Q,ROBERTSON J L. How and when does perceived CSR affect employees' engagement in voluntary pro-environmental behavior? [J]. Journal of Business Ethics,2019(155):399-412.

[75]DUMONT J,SHEN J,DENG X. Effects of green HRM practices on employee workplace green behavior:the role of psychological green climate and employee green values[J]. Human Resource Management,2017,56(4):1-15.

[76]NORTON T A,ZACHER H,PARKER S L,et al. Bridging the gap between green behavioral intentions and employee green behavior:the role of green psychological climate[J]. Journal of Organizational Behavior,2017,38(7).

[77]GREAVES M,ZIBARRAS L D,STRIDE C. Using the theory of planned behavior to explore environmental behavioral intentions in the workplace[J]. Journal of Environmental Psychology,2013(34):109-120.

[78]ROBERTSON J L,BARLING J. Greening organizations through leaders' influence on employees' pro-environmental behaviors[J]. Journal of Organizational Behavior,2013,34(2):176-194.

[79]RAINERI N,PAILLÉ P. Linking corporate policy and supervisory support with environmental citizenship behaviors:the role of employee environmental beliefs and commitment[J]. Journal of Business Ethics,2016,137(1):129-148.

[80]FEHR R,YAM K C,HE W,et al. Polluted work:a self-control perspective on air pollution appraisals,organizational citizenship,and counterpro-

ductive work behavior[J]. Organizational Behavior & Human Decision Processes,2017(143):98 - 110.

[81]GONG S,LU J G,SCHAUBROECK J M,et al. Polluted psyche:is the effect of air pollution on unethical behavior more physiological or psychological? [J]. Psychological Science,2020,31(8):1040 - 1047.

[82]LYON T P,MONTGOMERY A W. The means and end of greenwash [J]. Organization & Environment,2015,28(2):21 - 36.

[83]李大元,贾晓琳,辛琳娜. 企业漂绿行为研究述评与展望[J]. 外国经济与管理,2015,37(12):86 - 96.

[84]WALKER K,WAN F. The harm of symbolic actions and green-washing: corporate actions and communications on environmental performance and their financial implications[J]. Journal of Business Ethics,2012,109(2): 227 - 242.

[85]宋献中,胡珺,李四海,等. 社会责任信息披露与股价崩盘风险:基于信息效应与声誉保险效应的路径分析[J]. 金融研究,2017,4(40):165 - 179.

[86]CHEN Y C,HUNG M,WANG Y. The effect of mandatory CSR disclosure on firm profitability and social externalities:evidence from China[J]. Social Ence Electronic Publishing,2017,65(1),169 - 190.

[87]ATTIG N,GHOUL S E,GUEDHAMI O,et al. Corporate social responsibility and credit ratings[J]. Journal of Business Ethics,2013,117(4):679 - 694.

[88]CHEN I J,HASAN I,LIN C Y,et al. Do banks value borrowers' environmental record? evidence from financial contracts[J]. Journal of Business Ethics,2020(22):1 - 27.

[89]FENG Z Y,CHEN C R,TSENG Y J. Do capital markets value corporate social responsibility? evidence from seasoned equity offerings[J]. Journal of Banking & Finance,2018(94):54 - 74.

[90]DENG X,KANG J K,LOW B S. Corporate social responsibility and stakeholder value maximization:evidence from mergers[J]. Journal of Financial Economics,2013,110(1):87 - 109.

[91]王诗雨,汪官镇,陈志斌.企业社会责任披露与投资者响应:基于多层次资本市场的研究[J].南开管理评论,2019(1):151－165.

[92]张跃文,王力.中国上市公司质量评估报告[M].北京:社会科学文献出版社,2014.

[93]HEMINGWAY C A,MACLAGAN P W. Managers' personal values as drivers of corporate social responsibility[J]. Journal of Business Ethics, 2004,50(1):33－44.

[94]BRADLEY R L JR. Corporate social responsibility and energy:lessons from enron[J]. Culture and Civilization,2009(1):181－197.

[95]MARTÍNEZ-FERRERO J,BANERJEE S,GARCÍA-SÁNCHEZ I M. Corporate social responsibility as a strategic shield against costs of earnings management practices[J]. Journal of Business Ethics,2016,133(2): 305－324.

[96]TRAN N,O'SULLIVAN D. The relationship between corporate social responsibility,fnancial misstatements and SEC enforcement actions[J]. Accounting & Finance,2018(60):1111－1147.

[97]HOI C K,WU Q,ZHANG H. Is corporate social responsibility(CSR)associated with tax avoidance? evidence from irresponsible CSR activities [J]. The Accounting Review,2013,88(6):2025－2059.

[98]GAO F,LISIC L L,ZHANG I X. Commitment to social good and insider trading[J]. Journal of Accounting and Economics,2014,57(2－3):149－175.

[99]LI X,KIM J B,WU H,et al. Corporate social responsibility and financial fraud:the moderating effects of governance and religiosity[J]. Journal of Business Ethics,2019(2):1－20.

[100]肖华,张国清.公共压力与公司环境信息披露:基于"松花江事件"的经验研究[J].会计研究,2008(5):15－22.

[101]沈红波,谢越,陈峥嵘.企业的环境保护、社会责任及其市场效应:基于紫金矿业环境污染事件的案例研究[J].中国工业经济,2012(1):141－151.

[102]CUMMING D,LEUNG T Y,RUI O. Gender diversity and securities fraud

[J]. Academy of Management Journal,2015,58(5):1572 - 1593.

[103]ZHANG Y,WANG H,ZHOU X . Dare to be different? conformity vs. differentiation in corporate social activities of Chinese firms and market responses[J]. The Academy of Management Journal,2019(3):717 - 742.

[104]BOUWMAN M J,FRISHKOFF P A,FRISHKOFF P. How do financial analysts make decisions? a process model of the investment screening decision[J]. Accounting,Organizations and Society,1987(12):1 - 29.